JN271761

徹底批判!!
カジノ賭博合法化

国民を食い物にする「カジノビジネス」の正体

全国カジノ賭博場設置反対
連絡協議会 [編]

吉田哲也
鳥畑与一
吉田精次
寺田麗子 [著]

合同出版

もくじ

読者のみなさまへ 5

第1章 カジノ推進法案の問題点

弁護士 吉田哲也

はじめに 8
本法案提出の背景 9
本法案の概要 10
カジノ賭博の弊害 14
カジノ賭博合法化に関連する諸問題 18
カジノ賭博合法化は日本社会に不可逆的な損害をもたらす 22

第2章 カジノはほんとうに経済的効果をもたらすのか？

静岡大学教授 鳥畑与一

はじめに 24
カジノ企業の収益の意味 26

第3章 ギャンブル依存症という重篤な病

藍里病院医師　吉田精次

「カニバリゼーション」（共食い）の発生　27
経済波及効果の一面性
日本国民の資産が狙われるカジノ開設　31
カジノの社会的コストの評価　33
略奪的ギャンブルとしてのカジノの特異性　34
マカオとシンガポールの成功物語の幻想　41
富は誰の手に　47
非合法カジノは根絶できるのか　50
終わりに――儲かればいいのか　50

「ギャンブルがやめられないのはその人の人格と意志の問題だ」は間違い　52
ギャンブル依存症は脳の機能変化によって引き起こされる病的状態　53
ギャンブル依存症の診断基準　55
ギャンブル依存症の症状と進行過程　56
ギャンブル依存症は回復困難な精神疾患　58
ギャンブル依存症と犯罪、自殺の密接な関係　62
もし日本でカジノが合法化されたら　62

第4章 韓国・マカオ、カジノの街から見えること

ジャーナリスト 寺田麗子

はじめに 64

韓国・江原道チョンソングンの現在 67

賭博と売春の街、マカオの現実 70

付録

特定複合観光施設区域の整備の推進に関する法律案要綱 77

特定複合観光施設区域の整備の推進に関する法律案 80

カジノ反対の立場で運動する各地の主な団体 84

借金問題についての相談 84

カジノ誘致計画のある自治体 84

カジノ法案審議委員会委員名簿 85

編集協力●坂井泉＋ギャラップ

読者のみなさまへ

2013年12月、自民党、維新の会、生活の党から「特定複合観光施設区域の整備の推進に関する法律案」(カジノ賭博場合法化法案)が国会に提出され、翌2014年の通常国会で審議入りした。

カジノの解禁は、2020年の東京オリンピック開催に向けて、外国人観光客を現在の1000万人から2000万人へ倍増させ、経済を活性化させる切り札であるなどといわれている。2014年5月30日、安倍首相はシンガポールのカジノを視察し、「カジノを含む統合型のリゾート施設(IR)は外国人観光客を呼び込み、成長戦略の目玉になる」と発言し、同法案の審議入りを後押しした。6月24日に発表された成長戦略にも「IR統合型リゾートの推進」としてカジノ解禁が組み込まれている。

カジノの経済効果とは「不幸をまき散らすビジネス」

カジノの経済効果とはいったいどういうものなのか、また、誰の金がターゲットになるのか。アメリカの投資銀行は、日本のカジノにおける経済効果を4兆円などと試算しているが、狙いが日本人の金融資産であることは明らかである。日本ゲーミング学会の谷岡一郎氏(大阪商業大学学長)はカジノ推進について、「海外からの投資が盛んになり、高齢者のタンス預金など世の中に出て来にくいカネが回り始める」と新聞紙上で明言している(2014年2月28日「毎日新聞オピニオン」)。日本人の金融資産、特に高齢者の資産が狙われているのである。

日本では犯罪の絶対数は減少しているが、高齢者をターゲットにした振り込め詐欺、投資詐欺などの特殊詐欺は大幅に増加している。今度はカジノで高齢者を狙うということである。

安倍首相、国会議員など、推進している方々に問いたい。カジノを自分の親、近親者にすすめられるのか。自分の親が「タンス預金を使ってカジノに行く」といったらどうするか。きっと「損するだけだ、もったいない、依存症になる」と反対するだろう。

自分の身内に勧められない、しかも、新しい富をまったく産み出すことのない賭博による経済効果とはいったい何なのだろうか。

カジノは、人の不幸の分だけ儲かるという「不幸をまき散らすビジネス」以外の何ものでもない。それを、「IR」や「統合型リゾート」などといった聞こえのいいネーミングで目くらましをして推進している。

私は、弁護士として長年多重債務問題に取り組む中で、ギャンブルで借金をつくり、仕事や家族を失い、自分の命までも失う悲劇をつぶさに見てきた。カジノは胴元が儲けた分、多くの者が財産を失い、依存症へと追い込まれる。人の悲劇を前提とした経済対策などを認めることはできない。

本書の概要

第1章「カジノ推進法案の問題点」では、法案が提出されるに至った背景とともに、既存の法律との矛盾点を含む法案そのもののさまざまな問題、およびカジノ解禁にともなう犯罪、その他国民生活への影響を述べる。

第2章「カジノはほんとうに経済的効果をもたらすのか？」では、カジノが実は新たな富を産み出すことがなく、それどころか周辺地域を含め、国民生活に重大な弊害をおよぼすことを、アメリカなど海外のカジノの実態から「カジノが産み出す富」の正体を暴く。

第3章「ギャンブル依存症という重篤な病」では、医学的見地からギャンブル依存症とはどういうものかを説いていく。

第4章「韓国・マカオ、カジノの街から見えること」では、実際にカジノの街をレポートし、そこに働く人々や周辺住民からの取材によって、カジノが存在することで住む人々の人間性や街の雰囲気が様変わりしてしまった実情を紹介する。

かつては、石原慎太郎東京都知事による「お台場カジノ構想」などが話題になったものの、石原知事の退任とともに棚上げになってからは報道されなくなり、カジノ解禁問題は世間の話題から遠ざかったかに見える。しかし、原発問題、秘密保護法、TPP、集団的自衛権など、さまざまな重要課題の陰に隠れ、カジノの解禁は国民の目をかいくぐって現実味を帯びてきている。にもかかわらず、2014年7月現在、カジノ解禁を社会問題として認識している人の数はきわめて少数といわなければならない。だが、これはカジノ解禁にともなう悲劇が拡大しつつあるのだ。

全国カジノ賭博場設置反対連絡協議会は本書を通じ、今、アベノミクス・経済成長戦略で「拝金主義」がもてはやされ、国民の暮らしがしろにされる実態を多くの国民と共有し、そして人間らしい暮らしができるよう戦っていきたいと願っている。

2014年7月

全国カジノ賭博場設置反対連絡協議会代表、弁護士　新里宏二

第1章 カジノ推進法案の問題点

弁護士　吉田哲也

はじめに

2013年12月5日、「特定複合観光施設区域の整備の推進に関する法律案」（以下、「本法案」という）が国会に提出された。提出したのは、自民党、日本維新の会、生活の党に属する議員らで、彼らはいずれも超党派の議連、「国際観光産業振興議員連盟」に所属している。通称「IR議連（IRとは Integrated Resort＝カジノを含む総合型リゾートの略）」と呼ばれており、「IR方式」によるカジノ賭博場の国内設置を推進している。本法案は、後に述べる内容からもわかるとおり、国内のカジノ賭博場設置を合法化するための法案である。

わが国の刑法は、単純賭博罪、常習賭博罪、賭博場開帳図利罪といった賭博に関する犯罪類型（185、186条）を準備しており、カジノ賭博は、まさに「賭博」に該当する犯罪である。したがって、現行法制下においては、わが国内においてカジノ賭博に興じた人や、あるいは、カジノ賭博場を開帳した人は処罰の対象となる。

本法案は、このように違法で、かつ犯罪に該当するカジノ賭博について、一定の条件を満たす限りにおいて違法性を阻却する（違法性がないとする）ために必要な措置を講じることを推進するものである。

「IR議連」には与野党の約200人もの議員が参加しているといわれており、ひとたび国会での審議が始まれば、一瀉千里にカジノ賭博合法化への道が開かれてしまう可能性がある。

しかし、このような重要法案であるにもかかわらず、経済効果が何兆円などという夢のような話ばかりが喧伝され、カジノ賭博の実態や本法案の問題点についての国民的議論はまったくなされていない。

その理由は、カジノ賭博推進派が、あえて正面からの議論を避けていることにある。また、その他の要因のひとつとして、用語の問題があると思われる。すなわち、「カジノ」や「IR」といった横文字の語感が耳新しく、また響きがよく感じられるために、その本質が覆い隠されているのだ。本法案が推進しているのは、観光でもなければ地域振興でもない、賭博場の合法化である。したがって、私はあえて「カジノ」ではなく、「カジノ賭博」と呼ぶことにしたい。

本稿では、本法案の概要を解説したうえで、その問題点についてカジノ賭博の弊害と合わせて指摘する。

本法案提出の背景

本法案が提出されたのは2013年12月であるが、その準備は、かなり以前から行われてきた。

2000年、石原慎太郎東京都知事（当時）が、東京のお台場にカジノ賭博場を誘致する構想を示して以来、財界だけでなく政界でもカジノ賭博場設置に向けての議論が始まった。当時の二大政党である自民党と民主党内に、それぞれカジノ賭博合法化に向けての検討チームが発足し、カジノ賭博合法化に賛成する財界人や学者らを招いて勉強会などを重ねてきた。そして、2010年には「IR議連」が発足し、議連

本法案の概要

内で法案がとりまとめられ、今日にいたっている。

低迷する経済の起爆剤としてのカジノ賭博待望論はこれまでにもあったが、国民的にはもちろん、国会内でもいまひとつ盛り上がりに欠けていた。それが、2013年になって法案として急浮上してきた背景には、やはり2020年に開催される東京五輪の誘致成功があるだろう。

安倍政権が掲げる経済政策「アベノミクス」は、「大胆な金融政策」「機動的な財政政策」「民間投資を喚起する成長戦略」といった「三本の矢」を基軸としているが、東京五輪の誘致はまさに「第四の矢」であった。そして、カジノ賭博合法化はそれに続く「第五の矢」として位置づけられるといわれている。

つまり、本法案は超党派の議連による議員立法ではあるが、政権の至上命題である経済政策の一環でもあり、国家的一大プロジェクトに属するものといえる。

目的

本法案は、その目的を、「特定複合観光施設区域の整備の推進が、観光及び地域経済の振興に寄与するとともに、財政の改善に資することに鑑み、特定複合観光施設区域の整備に関する基本理念及び基本方針その他の基本となる事項を定めるとともに、特定複合観光施設区域整備推進本部を設置することにより、それを総合的及び集約的に行うこと」と定めている（1条）。

まず、本法案が「基本理念」と「基本方針その他の基本となる事項を定める」、いわゆる基本法であることが明確にされている。そのうえで、「特定複合観光施設区域整備推進本部を設置」して、基本法たる本法案の「理念」「方針」などに沿って、「特定複合観光施設区域の整備」を「総合的及び集約的」に行い、

10

そのことが、「観光及び地域経済の振興に寄与」し「財政の改善に資する」というのである。

定義規定

本法案に登場する「特定複合観光施設」とは、「カジノ施設……レクリエーション施設、展示施設、宿泊施設その他の観光の振興に寄与すると認められる施設が一体となって」おり、かつ「民間事業者が設置及び運営するもの」と定義され、そうした「施設を設置することができる区域として……地方公共団体の申請に基づき主務大臣の認定を受けた区域」を「特定複合観光施設区域」と定義している（2条）。

要するに、わが国で想定されるカジノ賭博場は、単体としての「カジノ施設」ではなく、さまざまなレクリエーション施設等が一体となった施設の一角にカジノ賭博場が存在する形式（IR方式）を採用すること、その施設の設置、運営主体が国や地方公共団体ではなく民間事業者であること、そして「主務大臣の認定を受けた区域」に限定して賭博罪の違法性を阻却する、いわゆる「特区方式」が採られることが、この定義規定からわかる。

基本理念

本法案施行後の「整備の推進」にあたっては、「地域の創意工夫及び民間の活力を生かした国際競争力の高い魅力ある滞在型観光を実現し、地域経済の振興に寄与」し、「適切な国の監視及び管理の下で運営される健全なカジノ施設の収益が社会に還元されること」が基本理念とされる（3条）。

ここでは、海外の諸カジノ賭博場との競争に打ち勝って、カジノ賭博客による「滞在型観光を実現」することで「地域経済の振興に寄与」し、また、「国の監視及び管理の下で運営される健全なカジノ施設」というものが存在しうることを前提に、その「収益」を「社会」に「還元」していくという理念が確認さ

れている。

国の責務、法制上の措置等

こうした「基本理念にのっとり、特定複合観光施設区域の整備を推進する責務」が、「国」に課され（4条）、また「政府は」、こうした国の責務をまっとうするために「必要な措置を講」じ、そのうち、「法制上の措置については……（本法案）の施行後一年以内を目途として講じなければならない」（5条）としている。すなわち、本法案が成立する以上、政府は、カジノ賭博場設置のために必要な実施法等の整備を、一年以内に行う義務を負うことになる。

基本方針

本法案は、「特定複合観光施設区域の整備の推進」にあたって、政府が講じるべき「必要な措置」について、次のように定めている。

「地域の特性を生かしつつ真に国際競争力の高い魅力ある観光地の形成の中核としての機能を備えたものとなるよう」な措置（6条）。

「我が国の観光産業等の国際競争力の強化及び就業機会の増大その他の地域における経済の活性化が図られるよう」な「民間の資金、経営能力及び技術的能力の活用その他」の措置（7条）。

「地方公共団体による……構想のうち優れたものを、特定複合観光施設区域の整備の推進に反映するため」の措置（8条）。

「カジノ施設関係者」が従うべき「カジノ管理委員会」が「行う規制」を「法律で定める」措置（9条）。

「カジノ施設の設置及び運営に関し、カジノ施設における不正行為の防止並びにカジノ施設の設置及び

運営に伴う有害な影響の排除を適切に行う観点から」「必要な」諸措置（10条）。とりわけ10条では、「カジノ施設の設置及び運営」が「有害な影響」を及ぼすことを前提として、その「排除」をしなければならないことを規定している。つまり、本法案そのものが、カジノ賭博場の害悪の存在を自認しているのであり、これは注目に値する。

これらは、必要な立法等の措置について整理したものであるが、

カジノ管理委員会

「内閣府」の「外局として」「カジノ管理委員会」が設置され、同委員会が、「カジノ施設の設置及び運営に関する秩序の維持及び安全の確保を図るため、カジノ施設関係者に対する規制を行う」とされている（11条）。

内閣府の外局には現在、宮内庁、公正取引委員会、国家公安委員会、金融庁、消費者庁といったものが設置されているが、これら国家の枢要部分を司る行政機関のひとつとして、カジノ管理委員会を設置するという。このことからも、カジノ賭博推進政策が国家的な事業であることがよくみてとれる。

納付金等

「国及び地方公共団体は……カジノ施設の設置及び運営をする者」や「入場者」から、「納付金」や「入場料を徴収することができる」とされる（12、13条）。地方自治体から発せられるカジノ賭博場誘致論には、観光客からのこうした「アガリ」によって、自らの財政の再建を期待するものが多くみられる。いわゆる「カジノ税」といわれるものである。

特定複合観光施設区域整備推進本部

本法案に定められた政府の責務を遂行するために、「内閣に、特定複合観光施設区域整備推進本部」を設置し、「総合調整」、「必要な法律案及び政令案の立案」、「関係機関及び関係団体との連絡調整」の事務を行わせる。推進本部は「内閣総理大臣をもって」本部長とし、本部長が「本部の事務を総括し、所部の職員を指揮監督する」とされている（14、15、17条）。すなわち、内閣総理大臣みずからが、カジノ賭博場設置推進の先頭に立つことが、明確に宣言されている。

カジノ賭博の弊害

本法案10条では、「カジノ施設の設置及び運営に伴う有害な影響」として、「暴力団員その他カジノ施設に対する関与が不適当な者の関与」「犯罪の発生」「風俗環境の悪化」「青少年の健全育成への悪影響」「入場者がカジノ施設を利用したことに伴い受ける悪影響」といったものが掲記され、その対策が必要であることを規定している。すなわち、本法案自体がカジノ賭博合法化による弊害の存在を認めているのである。以下、カジノ賭博合法化によって発生するであろう弊害について詳述する。

暴力団等反社会的勢力の活躍の舞台の提供

賭博を常習的に行い、または業とする者を、古来「博徒（ばくと）」と呼んできたが、暴力団はこうした「博徒」を由来として闇社会にはびこってきた。

一方で、暴力団排除条例の制定など、近年官民一体で強力に推し進められた暴力団対策によって、暴

図　マネー・ローンダリングの仕組み

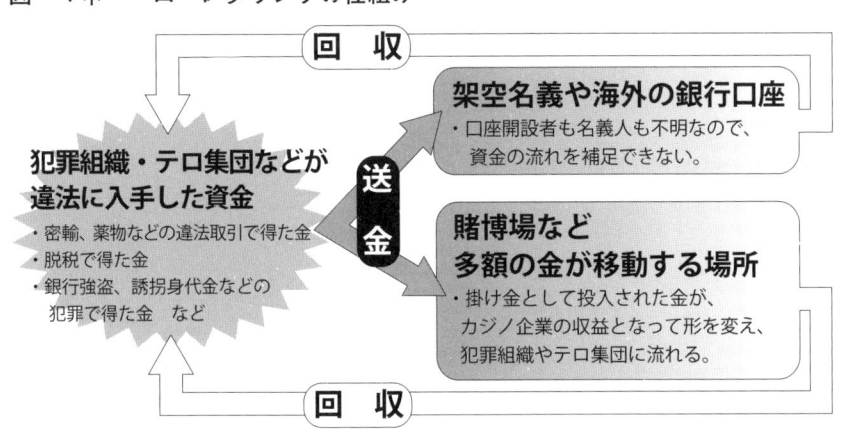

回収

架空名義や海外の銀行口座
・口座開設者も名義人も不明なので、資金の流れを補足できない。

犯罪組織・テロ集団などが違法に入手した資金
・密輸、薬物などの違法取引で得た金
・脱税で得た金
・銀行強盗、誘拐身代金などの犯罪で得た金　など

送金

賭博場など多額の金が移動する場所
・掛け金として投入された金が、カジノ企業の収益となって形を変え、犯罪組織やテロ集団に流れる。

回収

マネー・ローンダリングとは、犯罪など違法に得た収益金の流通経路などを隠蔽して、一般市場で使っても身元が発覚しないようにする行為である。資金浄化とか資金洗浄ともいわれる。

力団の資金源は逼迫しつつあり、新たな資金源の確保が急務となっている。こうした事情を鑑みれば、暴力団がカジノ賭博への関与に強い意欲を持ち、資金源化を画策することは必定である。

「カジノ施設関係者」から暴力団等を排除するための措置を講じるとのことであるが、事業主体に対する出資や従業員の送り込み、事業主体からの委託、下請等の方法による参入、また、カジノ賭博客をターゲットとしたヤミ金融、カジノ賭博利用を制限された者を対象とした闇カジノ賭博の運営、さらには、ＶＩＰ顧客をカジノ賭博に誘致し、カジノ賭博事業者からコミッションを得る媒介者（マカオの「ジャンケット」と呼ばれる事業者がその典型例）としての関与が考えられるが、これらの活動のすべてを捕捉し抑止することなど、およそ不可能である。

マネー・ローンダリングの舞台の提供

マネー・ローンダリング（資金浄化）対策・テロ資金供与対策の政府間会合であるＦＡＴＦ

15　第1章　カジノ推進法案の問題点

（Financial Action Task Force on Money Laundering＝金融活動作業部会）の勧告において、カジノ賭博事業者はマネー・ローンダリングに利用されるおそれの高い非金融業者として指定されている。日本もFATF参加国である。

この点に関連して、マカオのカジノ賭博を通じて中国の官僚等が集めた多額の資金や、北朝鮮が武器及び麻薬輸出によって獲得した資金がローンダリングされている疑いがあるとの報道もなされている。カジノ賭博「先進」国であるマカオでさえこのような状況であれば、果たしてカジノ賭博場内での資金の流れをすべて捕捉し、犯罪で得た違法な資金をあぶりだすことは困難であって、カジノ賭博がマネー・ローンダリングの舞台になってしまう可能性はおおいにある。

犯罪発生の助長

このように、カジノ賭博が暴力団にとってうまみがあるとすれば、暴力団どうしの抗争の発生を助長することにもなる。彼らが一方的に設定する「縄張り」を侵す者がある場合、拳銃等の凶器を使った犯罪が多発する恐れがある。

また、ギャンブル依存に陥った者がカジノ賭博の賭け金や借金の返済のために引き起こす財産犯罪（窃盗、強盗、横領等）、カジノ賭博に夢中になって育児を放棄する保護責任者遺棄といった犯罪の発生も懸念される。

風俗環境の悪化

「飲む、打つ、買う」という男性の悪行を示す俗語があるように、古来「博打（ばくち）」と「女性」はセットで語られてきた。

世界最大の売上げを誇るマカオのカジノ賭博場では、男性客目当てに客待ちをする女性や、男性と連れ

立って歩く若い女性の姿が目立っている。そもそもVIP客に女性を紹介することも、前述のジャンケットの役目であるともいわれる。また、韓国の自国民向けカジノである江原ランド（カンウォン）でも、カジノ賭博客を相手に女性を紹介する事業者が存在する。日本でもカジノ賭博場の周辺に、同様の事業者が多数あらわれることになるだろう。そうした地域の風俗環境の悪化は避けられない。

青少年への悪影響

民営賭博が合法化されれば、賭博をする大人の姿を見て育つ青少年への悪影響ははかり知れない。

また、「IR方式」のカジノ賭博場は、子どもも遊べるレクリエーション施設と一体となったもので、家族で出かける先に賭博場が存在することを意味している。子どもたちが、賭博に対する抵抗感を喪失したまま成長することになりかねない。

ギャンブル依存症の発生、助長

ギャンブル依存症は、慢性、進行性の疾病であり、いったん発症すると症状が進行するにしたがって、窃盗、横領といった犯罪を誘発する。場合によっては、殺人、放火などの凶悪事件に発展することもある。ギャンブル依存症は、症状が完治することが難しい（ただし、後の章で述べるように回復することは可能である）。

炎天下、パチンコ店の駐車場においた自家用車内に幼児を放置し、パチンコ賭博に興じ続けた結果、幼児を死に至らしめる事件が繰り返し報道されているが、こうした事件を引き起こす親の症状は、まさにギャンブル依存症の典型例といわなければならない。

一方、カジノ賭博場は利益を上げなければならないのであるから、多数の賭博客を得ようとするのが当然であり、必然的に問題ギャンブラーなどの入場規制は緩くならざるをえない。そうなれば、カジノ賭博

第1章　カジノ推進法案の問題点

場設置によってギャンブル依存症の患者が増加することは明らかである。カジノ賭博の利益によってギャンブル依存症対策を推進するなどとの見解もあるが、ギャンブル依存症を発症させておいて、その患者本人から巻き上げた金で治療するなどというマッチポンプは、道徳的に強い非難の対象になるであろう。最大のギャンブル依存症対策は、問題ギャンブラーをカジノ賭博場に立入れなくすることであるが、そうした規制を厳格にしてしまうと、カジノ賭博場は利益が上がらなくなる。要するに、民営のカジノ賭博場の設置を許すということは、ギャンブル依存症患者が発生しても構わないという認識に立つことと同義であるといわざるをえない。

多重債務問題の再燃の危険性

カジノ賭博にのめり込むことで、新たな多重債務問題が発生する可能性がある。2006年の貸金業法改正など、官民一体となって取り組まれてきた多重債務者対策によって、多重債務者は激減し、結果として自己破産者など経済的に破綻する者、また、経済的理由によって自殺する者も減少してきた。

カジノ賭博の合法化は、これら一連の対策に逆行して、多重債務者を再び増やす結果をもたらす可能性がある。

カジノ賭博合法化に関連する諸問題

日本のカジノ賭博は日本人が対象

一部の国会議員からは、「外国人の金持ちから金を巻き上げることに何か問題があるのか」という声が

18

あがっている。外国人ならギャンブル依存症にさせてもよいなどという発想には道徳的退廃を感じるが、百歩譲って、外国人から金を集める手段としてのカジノ賭博という位置づけをしたとしても、カジノ賭博の設置、運営事業者は、結局は、マカオ、シンガポールといったカジノ賭博「先進」国で実績をあげている海外資本にならざるをえない。要するに、カジノ賭博合法化は、海外資本が日本国内で外国人相手に売上げを得る手伝いをするだけのことである。

しかも、そもそも、日本のカジノ賭博は、日本国民の賭博客をあてこんだものである。海外のカジノ賭博事業者の首脳陣は、カジノ賭博市場としての日本の魅力について、「日本の潜在能力を高く評価する」と発言している。ここでいう「日本の潜在能力」が日本人の蓄え、金融資産であることは想像に難くない。

また、IR議連では、カジノ賭博推進の理由のひとつとして、「日本人が外国のカジノでつぎ込んでいるお金が純粋に海外に流出しているのはもったいない」といった発言も聞かれる。さらには、「お手本」扱いされているシンガポールのカジノ賭博場は、自国民も入場できるものであり、本法案で想定されているカジノ賭博場は、日本人も賭博客として期待されていることはもはや明らかである。

カジノ賭博の経済効果への疑問

カジノ賭博合法化を推進する最大の理由は、日本及びカジノ賭博場誘致地域への経済効果である。プラスの経済効果については、すでに幾通りもの試算が公表されており、数千億円から数兆円、果ては数十兆円にのぼるとするものまである。これだけ多様な試算がされているということは、その計算が前提とする条件の幅があまりに大きいことを意味しており、その試算結果に対する信頼性にもまた疑いを生じさせる。

しかも、プラスの経済効果が喧伝される一方で、マイナスの経済効果についてはまったく検討されてい

ない。

本法案の懸念するところであるが、暴力団等反社会的勢力の排除のための費用、マネー・ローンダリングを防止するためのシステム構築・維持のための費用、防犯のための費用、犯罪発生による直接の被害金額、犯罪発生後の行刑のための費用、風俗環境の悪化を防ぐための費用、青少年をギャンブルから遠ざけるための教育等に要する費用、問題ギャンブラーをカジノ賭博場から排除するための費用、ギャンブル依存症患者の治療費用、ギャンブル依存症患者の家族らのケアのための費用、多重債務者対策のための費用、カジノ賭博場周辺地域からの人口流出や在来商店の流出など、カジノ賭博場開設に伴って必然的に生じる社会的コストなどのほか、カジノ賭博場周辺地域からの人口流出や在来商店の流出など、予想される地域変動に伴う負の効果をすべて考慮した場合、果たして社会的にプラスとなるのかどうか、信頼に足る調査、検討は行われていない。

賭博を禁じてきた伝統や賭博罪の立法趣旨を損なう

わが国の最古の歴史書のひとつといわれる『日本書紀』には、天武天皇14年（685年）の記事に、「大安殿（おおあんどのおわしま）に御して、王卿（おおきみたちまえつきみたち）等を殿の前に喚（め）して博戯（はくぎ）せしむ」（出典：岩波文庫『日本書紀』五）という部分が登場する。「博戯」というのは、盤双六（ばんすごろく）を指すといわれており、当時、双六とさいころが遊びに使われていたようである。

ところが、それからわずか4年後の持統天皇3年（689年）には、「雙六禁断之令（すごろくきんだんのれい）」が発せられている。

この記事と4年前の記事を合わせ読むと、当時の朝廷内において、禁止しなければならないほど双六流行による不都合が生じていたことがうかがえる。都がまだ飛鳥（あすか）にあったころのことである。これが、わが国における賭博禁令の初見といわれる。

その後、奈良時代、平安時代の朝廷、鎌倉幕府、建武政権、各地の戦国大名、江戸幕府など、歴代の為政者たちは、くり返し、賭博の禁令を発してきた。賭博が人と社会を破壊することを経験的に知っていたからにほかならない。

そして、明治維新後、刑法が制定されて賭博罪が設けられ、現行刑法にいたっている。

賭博罪について、最高裁判所は次のように明らかにしている。

「勤労その他正当な原因に因るのでなく、単なる偶然の事情に因り財物の獲得を僥倖せんと相争うがごときは、国民をして怠惰浪費の弊風を生ぜしめ、健康で文化的な社会の基礎を成す勤労の美風……を害するばかりでなく、甚だしきは暴行、脅迫、殺傷、強窃盗その他の副次的犯罪を誘発し又は国民経済の機能に重大な障害を与える恐れすらある」(最高裁判決 昭和25年11月22日)。

すなわち、賭博の蔓延は、怠惰浪費の悪しき風潮を広め、勤労の美風を害し、また、副次的犯罪を誘発し、さらには、国民経済の機能に重大な障害を与える恐れがあると指摘している。それだからこそ、刑法が賭博罪を処罰の対象としているのである。

最高裁のこうした考え方は、日本社会の一般的な共通認識に沿うものである。時代劇に登場する「丁半博打(ちょうはんばくち)」はアウトローとして描かれてきたし、そうした認識は、近代日本にも受け継がれて今日に至るが、かかる認識は1500年もの長い歴史のなかで育まれてきた歴史上の産物と位置づけられるべきである。

日本初の民営賭博の解禁は、日本の賭博禁止の伝統や、賭博罪の立法趣旨を大きく毀損する可能性がある。

カジノ賭博の違法性を阻却するに足りる立法事実の不存在

現行法上、特別法(当せん金付証票法、競馬法、自転車競技法、小型自動車競争法、モーターボート競争法、スポー

第1章　カジノ推進法案の問題点

ツ振興投票の実施等に関する法律等）の存在によって、公営ギャンブルは賭博（富くじ）には該当するけれども、違法性がないとされている。

これらの賭博（富くじも含む）は、それを正当化する根拠として、公設、公営、公益の原則が採られている。国や地方公共団体などの公の機関が設置、運営し、そして、その利益は、公益のために費消される。つまり、財政難にあえぐ自治体の財政を潤したり、スポーツ振興に使われたりといった公益の目的のために、せめて公の機関が設置、運営することを条件に、公許するものである。

一方、本法案で想定されているカジノ賭博はどうであろうか。公営ギャンブルとの対比でいえば、私設、私営、私益であり、公営ギャンブルを正当化してきた三つの原則にひとつも該当しない。カジノ賭博によって、雇用が創出される、地方自治体の税収が上がるといった副産物は生じ得るが、副産物でしかなく、また、保証の限りでない。何よりも、カジノ賭博事業者の私益のために、これまで明確に犯罪とされてきた行為を非犯罪化することが許されてよいのか、誠に疑問であるといわざるをえない。

カジノ賭博合法化は日本社会に不可逆的な損害をもたらす

本法案は、カジノ賭博合法化を推進することを定めて、それによって生じる問題点があることを認めつつも、それについては将来の課題として先送りしている。

前述したように、カジノという民営賭博の合法化は、日本の歴史上初めての出来事であり、社会の一大転換である。また、カジノ賭博が種々の弊害を伴うことは、本法案が自認しているところである。このような制度の導入にあたっては、当然その利害得失が十分に検討される必要がある。とりわけ、深刻な弊害が予想されるわけであるから、その弊害を抑え込むためにどのような対策を講じるのか、その対

策を講じることで弊害はどの程度抑えられるのか、そして、それでもなお抑え込むことのできない弊害についてはその存在を許容してよいのか、などといった具体的な調査、検討が行われなければならない。

とりわけ、最も懸念されるギャンブル依存症の対策は、厳格な入場規制を伴わなければならないが、規制強化と利益追求は矛盾する命題であり、これらの矛盾については、カジノ管理委員会において、適度な弊害が生じることを前提に適度な規制を施すことをもって「必要な措置」を講じたことにされてしまうことが容易に想像できる。

カジノ賭博の弊害についていかなる対策を講じるのかについて、何ら具体的言及のない本法案は、あらかじめカジノ賭博を合法化するという終点を定めて、それによって生じる弊害の対策等については行政機関等に丸投げする乱暴極まりない提案であるといわざるをえない。

民営賭博の公認は日本史上初めてのことである。「何となく儲かりそうだから」「何となく楽しそうだから」といった軽い気持ちで決めてよいものではない。カジノ賭博の弊害にかかわる対策について真剣に検討すればするほど、その弊害の深刻さが明確になり、カジノ賭博の合法化が日本国民、まち、社会を破壊し、回復し得ない損害をもたらすとの結論に至らざるを得ない。

今必要なことは、カジノ賭博合法化の弊害に関する慎重、かつ、客観的な調査、検討を経たうえでの国会内外の徹底した議論である。

第2章

カジノはほんとうに経済的効果をもたらすのか？

静岡大学教授　鳥畑与一

はじめに

2013年12月、IR議連によって提出されたカジノ法案が、2014年の通常国会で審議入りした。秋の臨時国会で可決成立するとされている。しかし、カジノ誘致に熱心な沖縄県で、『沖縄タイムス』紙が「冷静で多面的な議論が欠かせない」（2014年4月14日社説）と訴えたほか、各紙社説が慎重な討議を求めているように、本法案は国民的な議論が必要である。一方で、カジノ解禁をめぐる「賛否は、どこまで行っても平行線のままであるように見える」（「カジノ導入をめぐる最近の動きと論議」国会図書館『レファレンス』2006年11月）ともいわれている。そのすれ違いの原因はどこにあるのか？　そしてそれは埋めることのできない違いなのだろうか？

カジノ推進派の最大の論拠は、巨大な経済的利益の発生である。すでに、米国ラスベガスの巨大カジノ企業、MGM（メトロ・ゴールドウィン・メイヤー）やラスベガス・サンズが、100億ドル規模の投資を示唆している。「カジノ狂騒曲」と銘打った『週刊ダイヤモンド』の特集（2014年4月26日号）によれば、日

本の市場規模は２兆円と予想され、建設会社やゲーム機器メーカー、ホテルなどへの大きな経済的効果が期待できるとされている。そこから大きな雇用と税収が発生するとされ、東京都や大阪府などの巨大都市だけではなく、熱海市や釧路市、秋田市など、地域経済の衰退に苦しむ約20の地方都市も、地域振興の切り札としてカジノ誘致に熱心だ。

また、政府も成長戦略の一つとして、国際観光産業の振興を掲げている。その目玉としてカジノを位置づけ、2020年の東京オリンピック開催に合わせてカジノを中核とする総合リゾート施設（いわゆる「IR施設」、第1章8ページ参照）を建設し、世界中からの観光客誘致に弾みをつけようとしている。カジノは今や「老若男女を問わず家族で楽しめる娯楽」であり、カジノを中核とするIR施設は「米国ラスベガスをモデルとし現在世界各地で導入が進められている」世界標準の観光モデル（「我が国におけるカジノ・エンターテイメント導入に向けての基本方針」自由民主党、2006年6月）というわけである。

これに対し、カジノ反対派の論拠は、ギャンブル依存症者が一層増大するのではないかということだ。日本は、競輪、競馬、競艇、オートレースなどに加え、18兆円を売上げるパチンコを含めると、世界最大のギャンブル大国（2011年警視庁調べで全国のパチンコ店・パチスロ専門店は合計12323店）であり、厚生労働省の調査に基づけば、ギャンブル依存者の比率は、男性で9.6％とダントツで世界一である（第3章56ページの表❶参照）。ギャンブル依存者は、賭け金確保のために借金に走り、多重債務者問題を深刻化させる大きな要因となっている。

日本では、このような社会的に深刻な問題を発生させるギャンブル（賭博）は、刑法（185条-187条）によって禁じられてきた。その趣旨の一つに青少年の勤労観の棄損が挙げられることはいうまでもなく、カジノ開設に伴う犯罪の増大も、ギャンブルが禁止される有力な根拠である。

しかし、推進派がカジノの経済的利益の大きさを強調するのに対し、反対派がカジノによるギャンブル

依存者の増大や青少年の勤労モラルの低下だけを強調していては、いわば別の土俵からの応酬となりがちである。すなわち、一方が「経済性」を目的とするのに対し、もう一方は「社会倫理」の悪化を訴えているということだからだ。推進派は、カジノ開設に伴うギャンブル依存者の増大はある程度避けがたいが、その発生を最小限に食い止めることが可能であり、かつギャンブル依存者へのケア体制を整えることで、社会的リスクは極小化できると主張している。「カジノ・エンターテイメントが生み出す経済的社会的メリットがデメリットを総合的に上回ることが証明されており、その収益は教育、福祉、街づくりなどの新たな財源として」用いればよいではないかというわけだ（前掲基本方針）。そして、カジノ反対派を「そうした道理も理解できずに、最初からカジノを悪と決めつけるヒステリックな存在」と批判する推進派もいる。

本稿は、カジノの経済的メリットはそのデメリットを本当に上回っているのか？ そしてカジノ誘致は地域経済さらには日本経済の復活の起爆剤となるのだろうか？ という疑問を解き明かすことを課題としている。

カジノ企業の収益の意味

米国ゲーミング協会（推進派はギャンブルやカジノをゲーミングと呼んでいる）は、約５００億ドルの年間収益をあげる米国カジノ産業は、関連産業も含めればGDP（国内総生産）の１％を占める「もっとも成長著しい産業であり、米国経済を支える存在」であることを誇っている。カジノ企業の直接雇用分だけでも航空製造業に匹敵するという。確かにGDP（国内総生産）は、付加価値（新たに発生した利益）の合計なので、製造業の付加価値もカジノ産業の付加価値も区別されない。しかし、両者には重要な経済的違いがある。前者が新たに作り出された価値であるのに対して、後者は単なる価値移転の結果でしかないという点だ。

カジノの収益は、端的にいえば顧客の負け金である。例えば、ルーレットの場合は、カジノ企業側（胴元）が38個のます目中、0と00の目を取り分としている。確率（大数の法則）では、顧客の賭け金の約5.2％（38分の2の確率）が確実にカジノ企業の儲けとなる。顧客間の勝ち負けを別にすれば、顧客側がかならず損をし、ホテルに滞在してもらい長期間カジノに熱中してもらえれば、顧客側がかならず損をするビジネスがカジノなのである。

要するに、顧客のポケットからカジノ企業のポケットに移った金が、カジノ企業の収益なのだ。そこから諸経費を引いた残りが利益になるが、ラスベガス・サンズのマカオやシンガポールでの利益率（収益／EBITDA、49ページ表⓭参照）は約3〜4割という高水準である。カジノは「胴元が確実に儲かる仕組み」であり、「巨額の超過利潤が生まれる」（美原融『カジノとは何か？〜カジノから地域振興・観光振興を考える〜』 http://www.japic.org/report/pdf/area_group02.pdf）ビジネス・モデルなのだ。

しかし、その収益源は顧客の負け金であり、彼らの所得や財産の移動でしかない。新たな価値を生み出したわけではなく、国民経済的には、その儲けと損失を合計すればゼロサム（新たな富を何も生み出さない経済活動）のビジネスがカジノ＝ギャンブルなのである。

「カニバリゼーション」（共食い）の発生

米国では長年、ネバダ州でのみカジノが認められ、ラスベガスの繁栄がカジノの成功モデルとされてきた。ところが、1970年代の不況で、地域経済の衰退や税収減に苦しんだ各州政府などが、非合法カジノによって「独占」されていた利益の税源化を目指し、カジノの合法化に向けて動き出した。1976年、ニュージャージー州がカジノ合法化に踏み切り、アトランティックシティにカジノ街を建設（1978年）

表❶　米国におけるカジノの拡がり

		開設年	開設数
1	ネバダ	1931	265
2	ニュージャージー	1978	12
3	サウスダコタ	1989	35
4	コロラド	1991	41
5	イリノイ	1991	10
6	アイオワ	1991	18
7	ミシシッピー	1992	30
8	ロードアイランド	1992	2
9	ルイジアナ	1993	18
10	ミズーリ	1994	13
11	ウエストバージニア	1994	5
12	デラウェア	1995	3
13	インディアナ	1995	13
14	ミシガン	1999	3
15	ニューメキシコ	1999	5
16	ニューヨーク	2004	9
17	メイン	2005	2
18	オクラホマ	2005	2
19	フロリダ	2006	6
20	ペンシルバニア	2007	11
21	カンザス	2009	3
22	メリーランド	2010	3
23	オハイオ	2012	4

American Gaming Association "State of States 2013" より

することに成功するが、他の州では住民の反発を受け、結局、合法化は見送られた。ところが、1988年にネイティブアメリカンのカジノ運営権が法的に認められ、1989年に「米国のエチオピア」といわれるほど衰退していたサウスダコタ州のデッドウッドや、ミシシッピー州のチュニカでカジノが合法化されると、堰を切ったようにカジノ建設競争が全米に広がった（表❶）。現在では、23州で600近いカジノが運営されている（カジノホテルの他に、客船カジノや競馬場カジノを含む）。

全米にカジノが拡大した背景には、カジノ開設による地域経済活性化への期待と同時に、住民が他州のカジノに流れることで州内の所得・税収源が流出することを防ごうという狙いがあった。意図的に州境にカジノを建設し、付近の州民を標的とすることさえ行われた（図❶）。また、地域振興策として、原発の高レベル放射性廃棄物の処理施設かカジノ建設かの二者択一の選択を迫られた自治体もあったとされる。

カジノは、確かにその開設地域での雇用や所得、税収の増加など、経済的効果を生み出した。ミシシッピー州の寒村であったチュニカなどでは「チュニカの奇跡」と呼ばれるような地域の活性化が進んだといわれている。しかし、一方で明らかになったのは「カニバリゼーション」(共食い)と呼ばれる現象の拡がりだった。

世界をマーケットとするラスベガスとは異なり、地方都市などに開設されたカジノの顧客は、その周辺地域の住民で占められてしまう。車で1〜2時間で行ける50マイル圏内の住民が顧客の大半を占めているといわれている。その場合、カジノの収益は、他の地域（州や郡内）で支出される所得の減少を結果し、結局、その地域の経済活動を停滞させ、税収減を生み出すことになる。実際、イリノイ大学のE・グリノルズ教授の実証研究（E. Grinols, "Gambling in America : Cost and Benefits," 2004）によると、イリノイ州内のカジノ周辺地域の商業売り上げが大きく落ち込んだことが示されている（図❷）。カジノによるある地域の繁栄は、周辺地域を犠牲にしたいわば共食いによる繁栄でしかないのである。

図❶　ミシシッピー州のカジノ

テネシー州
●メンフィス
●チュニカ／ロビンソンヴィル
●ルーラ
アーカンソー州
●グリーンヴィル
ミシシッピー州
●ヴィクスバーグ　●ジャクソン
アラバマ州
●ナッチェズ
ルイジアナ州
ガルフポート●　●ビロクシ
ベイセントルイス●

北西部に位置するチュニカは北側の州境にカジノのないテネシー州の州都メンフィスがある。また西側のアーカンソー州にもカジノがない。

所得の流出と税収の減少を防ぎ、さらには他州からの所得の流入と、税収の増大を図るために、わざわざ州境にカジノを建設すると いうことが行われたのだ。各州でのカジノ建設競争を招いたのだ。

また、チャールストン大学のダグラス・ウォーカー教授によると、市レベルでは、カジノによる税収増効果はあったが、州レベルでは、消費減による消費税収の減少がカジノに

29　第2章　カジノはほんとうに経済的効果をもたらすのか？

図❷　カジノ営業に伴う周辺地域の売上減少（イリノイ州の事例）

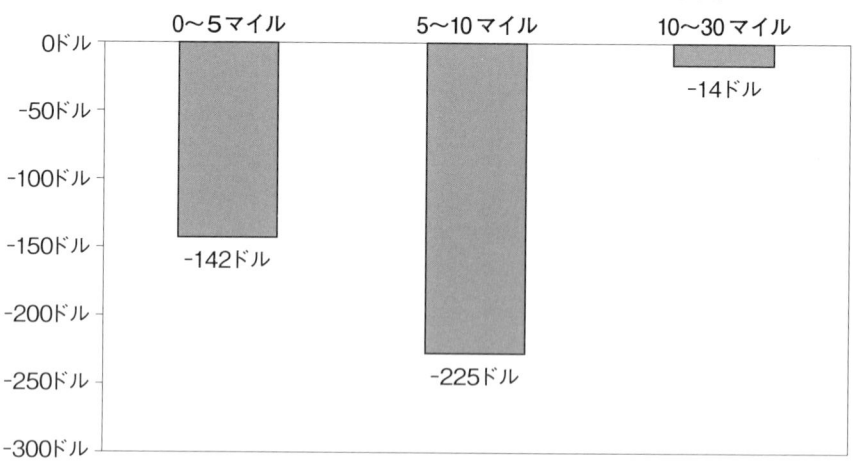

0〜5マイル　−142ドル
5〜10マイル　−225ドル
10〜30マイル　−14ドル

注）カジノの増収1000ドルあたりの周辺商業売上減少

E. Grinols, Gambling in America, P76-77 より作成

よる税収増加を上回り、トータルではマイナスの影響が出たとされる（W. Douglas,"Casinomics", 2013）。さらには、カジノがホテルやレストラン、そしてショッピングセンターまで併設する総合リゾート型の場合は、カジノ開設地域内でも、以前から存在していた商店やレストランなどの売り上げが激減してしまうことになった。

総合リゾート型のカジノは、カジノに顧客を誘引するために、宿泊費や飲食費などを無料にしたり割り引いたりする、「コンプ」（complimentaryの略、優待、無料の意）と呼ばれるサービスを提供する戦略をとる。カジノの高収益を活用したホテルやレストラン、ショッピングモールなどの展開は、カジノ収益に頼れない既存の商店やレストランなどを競争上不利な状況に追い込み、淘汰していく。

ニュージャージー州カジノ管理委員会の「アニュアルレポート」によると、2012年のアトランティックシティ内にある12のカジノのホテル収入は5139万ドルであった。そして、この収益のために使われた「ホテル・コンプ」費用は

2758万ドルである。カジノホテルで収入の半分以上にもおよぶ巨額の宿泊費や飲食費が「コンプ」に使われている結果、カジノ開設後数年で地元のレストランなどが3分の1に減少したとされる。地元商店街の衰退は、カジノ開設地域では共通に見られる現象で、もともと平等な競争条件となっていないわけであり、これを単純に競争の結果として片づけることはできない。大型ショッピングセンターができた結果、地元の商店街が衰退し、地域コミュニティが崩壊していった日本の経験と同様のことが、カジノ開設によって米国内で起きているのだ。

経済波及効果の一面性

カジノの経済的波及効果を示す推計は、「投入産出モデル」と呼ばれるもので算出されている。つまり、一定の初期投資額が産業連関を通じてどの程度の最終需要を生み出すかを示したものである。たとえば初期投資額100億円に対して、最終需要が200億円になれば、2倍の経済波及効果(乗数効果)が発揮されたことになる。地域の人口構成や産業構造(産業連関)の違いによって、どの程度の経済波及効果(乗数効果)が期待できるかは当然異なるが、経済的効果の計算方法はみな共通といえる。ゼロサムのカジノの場合、投資(支出)増大によってプラスの乗数効果が期待できるならば、その裏側では投資減少によってマイナスの乗数効果が発生することも併せて評価しなければ、正確性を欠くことになる。

大阪商業大学アミューズメント産業研究所は、大阪湾岸地域のケースでのカジノの需要予測と経済波及効果の推計を試みている(『カジノ導入をめぐる諸問題〈2〉』大阪商業大学アミューズメント産業研究所)。大阪市臨海地域(USJ周辺)、堺市臨海地域、りんくうタウンの20歳以上の周辺人口、カジノからの距離ごとの

表❷ 大阪市におけるカジノの経済的波及効果

	大阪市臨海地域	堺市臨海地域
60キロ圏内の成年人口	15,555,873 人	14,485,727 人
予想カジノ入場者数	916,653 人	811,266 人
カンウォンランド基準のカジノ消費額（1人）	40,000 円	40,000 円
カジノ消費額	366.7 億円	324.5 億円
食費その他	49.0 億円	43.2 億円
カジノ施設消費額	**414.7 億円**	**367.7 億円**
上記経済波及効果	708.2 億円	626.8 億円
大阪府の税収（ゲーミング税20％）	**83.1 億円**	**71.9 億円**

大阪商業大学アミューズメント産業研究所『カジノ導入をめぐる諸問題〈2〉』より

男女別・年令別のカジノ参加率、カジノ消費額（負け金額）の仮定に基づいて、カジノにおける直接の年間消費額（負け金総額）を算出し、さらに、地域ごとの産業連関表に基づいて、間接的な経済波及効果と税収を推計している。その結果、大阪市臨海地域で約415億円、堺市臨海地域で約368億円のカジノ収益が見込め、大阪市臨海地域で最大83億円の税収が期待できるとされる（表❷）。

これらの推計は、カジノから60キロ圏内の人口を前提にしている。大阪市臨海地域の60キロ圏内の人口は約1556万人とされているが、このうち約92万人がカジノに行き、415億円使うことが前提なのだ。裏返せば、カジノから60キロ圏内にある市町村では、415億円分の支出がカジノに吸収され失われるということであり、この失われた支出のマイナスの乗数効果を評価せずにプラス効果だけを強調しても、カジノが大阪地域での正しい地域振興策かどうか判断することはできない、ということになる。北海道の「都市型観光資源の調査研究」（2005年）でも、道内と東北6

県の圏内1540万人のうち、約69万人がカジノに足を運ぶという前提で経済波及効果を推計しているが、このような経済波及効果は、「共食い」を通じて周辺地域経済を犠牲にしたものであることを忘れてはならない。

日本国民の資産が狙われるカジノ開設

前述のように、国内市場を対象にしたカジノはゼロサムであり、国民経済的には経済成長の推進力にはならない。それどころか、地域間での所得移転などによって、一極集中や地域間格差の拡大をもたらす。

したがって、国民経済的には、海外からの顧客獲得がなければプラス効果は期待できない。カジノ推進派が、国際観光産業振興の目玉として、カジノの魅力を強調する理由ともいえる。

しかし、マカオやシンガポールのカジノがそうであるように、日本のカジノ運営をラスベガスのカジノ企業が独占した場合、収益源である「ハイローラー」と呼ばれるVIP客をわざわざ日本に回すとは考えられない。同じカジノ企業が提供するカジノを楽しむためにわざわざ日本に来る必要はないからだ。シンガポールはオーストラリアとASEAN諸国、マカオは中国南部と台湾からのギャンブル客を収益源としていたが、カジノ企業ゲンティンが2017年に「ワールド・リゾート済州島」をオープンするため、中国北部と韓国からのギャンブル客の来訪も期待できない。結局、米国の投資銀行CLSAのレポート『天から円が降ってくる』（It's Raining Yen！）（2014年2月）は、日本のカジノ合法化で年間400億ドルのカジノ市場が生まれると展望しているが、具体的な根拠は、もっぱら日本のGDPの大きさであり、GDP比でのギャンブル支出や遊行費の支出であり、現に巨大な規模を誇っているパチンコ市場の存在なの

である。

実際、カジノ推進派は、国内市場であっても、富裕層や高齢者層が顧客になれば、本来消費予定のない資産や貯蓄がカジノで消費され、金が動くことによるプラス効果があると主張する。カジノが、富裕層ならずとも、高齢者の貯蓄を吐き出させるビジネスであることはアメリカでも大きな問題になっているが、日本の高齢者を中心とした普通の国民がターゲットになる危険性が高いことを認識すべきといえる。

カジノの社会的コストの評価

このように、カジノの経済的効果なるものはゼロサムとなるのが実態だが、忘れてならないのは、カジノによる社会的コストの増大である。民間企業の投資決定とは異なり、政府や自治体の政策決定は、通常「ベネフィット・コスト・モデル」（費用便益分析。ある政策決定によって得られる利益とコストを比較して、その政策効果を評価する手法）で行われるべきとされている。市場メカニズムでは、企業活動による負の結果（環境破壊など）は負担しなくても済む場合が多いのに対して、政府や自治体などは負担せざるを得ない場合が多いからだ。カジノの推進派と反対派の議論がすれ違いになる要因の一つが、この負の結果（社会的コスト）の定量的評価の難しさにある。

たとえば、カジノでギャンブル依存者になった人が仕事に集中できなくなり、欠勤をくり返すことで企業の生産性が低下したり、ギャンブルばかりに時間を浪費し貯蓄や所得を失い、果ては借金に走り、家庭が崩壊し、犯罪行為におよぶなどの場合、被害金額をどのように算出するかは簡単ではない。ギャンブル依存が病気として認知されず、個人の意志の弱さなど個人責任で片づけられてしまう社会では、それを社会的コストして認知するのも困難となってしまう。さらにカジノによって利益を得るカジノ企業や特定地

表❸　DSM-5におけるギャンブル依存症の診断基準

① 熱中する	ギャンブルのことばかり考えている（例：過去のギャンブルを思い返したり、次のギャンブルの予測を立てたり計画したり、あるいはギャンブルをする金をどうやって得るかということばかり考えている）。
② 賭け金額が増える	望んでいた高揚感を達成するためにますます多くの金でギャンブルをする必要が出てくる。
③ イライラする	ギャンブルの回数を減らしたり止めたりしようとすると落ち着かなくなりいらだちを覚える。
④ 自己逃避する	直面する問題からの逃避や不快感（例：無力感、罪悪感、不安感、うつ）の解消の方法としてギャンブルをする。
⑤ 負けを取り戻す	ギャンブルで損をした後、負けを取り戻そうと次の日にまたギャンブルをすることが多い（負けを追いかける）。
⑥ 嘘をつく	ギャンブルにどれだけ関わっているかを隠すために家族、セラピストやその他の人に嘘をつく。
⑦ 止められない	ギャンブルを抑制し、回数を減らす又は止めようと何度も試みるがうまくいかない。
⑧ 犯罪を犯す	ギャンブルの金を工面するために犯罪を犯す（例：偽造、詐欺、窃盗もしくは横領）。
⑨ 生活を破壊する	ギャンブルのために重要な関係、仕事、教育を受ける機会、キャリアの機会を失いそうになる。もしくは失ってしまう。
⑩ 借金する	ギャンブルによって壊滅的な状況になった財政状況を緩和するために他人に頼って資金を得ようとする。

＊5つ以上に該当するものを病的ギャンブラー、3つ～4つ該当するものを問題ギャンブラー、1つ～2つ該当するものはリスクを抱えたギャンブラーと定義。

表❹　DSM-5によるギャンブル依存の度合いと診断基準

非ギャンブラー	ギャンブルをしたことがない。
リスクの低いギャンブラー	ギャンブルをしたことはあるが、1日ないし1年のうちに100ドル以上の損失を出したことがない。
	1日ないし1年のうちに100ドルを超える損失を出したことがあるが、DSM－Ⅳの基準項目には当てはまるものがない。
1日ないし1年の内に100ドルを超える損失を出し、かつ以下の項目に当てはまるもの	
危険にさらされたギャンブラー	DSM-Ⅳ基準を、1ないし2項目満たす。
問題があるギャンブラー	DSM-Ⅳ基準を、3ないし4項目満たす。
病的なギャンブラー	5項目以上のDSM-Ⅳ基準を満たす。

　カジノ先進国である米国では、とりわけ90年代の急速なカジノ普及によるギャンブル依存者増大が無視できない社会問題として認知された。1980年には米国精神医学会が、DSM（Diagnostic and Statistical Manual of Mental Disorders＝「精神障害の診断と統計の手引き」）と呼ばれるガイドラインで、ギャンブル依存症に対する10項目の判断基準を設けた（表❸）。このうち5つ以上に該当するものを病的ギャンブラー、3つ～4つ該当するものを問題ギャンブラー、1つ～2つ該当するものはリスクを抱えたギャンブラーと定義し、ギャンブル依存症は精神疾患であると明確に位置付けた（表❹）。このうち病的ギャンブラーについては、米国精神医学会の最新のガイドライン（DSM－5、2013年改訂）では、薬物中毒と同様の物質依存症として扱われるようになっている。

　ギャンブル依存者の増大を背景に、1996年にクリントン政権時に設立された「国家ギャンブル影響度調査委員会」は、「ギャンブル依存者の増大は国家的現象である」という危機意識のもとに、独自のヒアリングを各地で開催したほか、ギャ

36

ンブル依存者の実態調査を研究機関に委託実施させるとともに、それまでの広範囲な研究成果の整理と評価を試みた。その結果、明らかになったのは、カジノ普及によってギャンブル依存者が急増し、依存の度合いが増すごとに健康を害し、仕事を失い、借金を重ね、家庭内暴力や児童虐待を行いながら、離婚や犯罪にまで追い込まれていくギャンブル依存者の実態と、社会的コストの増大だった（表❺・❻）。さらに、病的・問題ギャンブラーの対人口比率が薬物依存症に迫る高水準であることが明らかになった（表❼）。

ギャンブル依存者の社会的コストを推計した結果、正確な評価が困難であり、かつ過小評価であろうと留保をつけながらも、問題ギャンブラーの社会的コストは、1人当たり年間715ドル、生涯で5130ドル、病的ギャンブラーに至っては、それぞれ年間1195ドルと生涯1万550ドルに達し、その総計は年間50億ドルという結果になった（表❽）。報告書はこの結果を踏まえ、今後のカジノ（ギャンブル）に関する政策決定においては、その利益ばかりではなく、社会的コストの正確な評価を行うことが必要であり、それが行われるまではカジノの抑制とともに、カジノ企業や各州政府等に対して、ギャンブル依存者の発生防止と対応策を講じるよう勧告した。

米国におけるカジノの社会的コストの必要性を最初に提案したとされるグリノルズ教授は、1994年の議会公聴会で国家的調査量的評価の研究を継続し、カジノ拡大とともにイリノイ州でもギャンブル依存者が増大し、しかもカジノに近い住民ほどギャンブル依存者になる比率が高いことを明らかにした（表❾・❿）。

そしてカジノの社会的コストとして、犯罪の増大、生産性の低下や欠勤による企業と雇用上の費用増大、借金増加による個人破産、自殺、抑うつ症などの病気の併発、失業保険や精神治療などの社会的サービス費用、ギャンブルに対する政府の規制コスト、児童虐待などの家族が被る被害、家族や雇用主等からの不正な金銭の取得などに係るコストを計算すると、年間の社会的コストは324億ドルから538億ドルに

(%)

危険なギャンブラー		問題ギャンブラー		病的ギャンブラー	
生涯	過去1年	生涯	過去1年	生涯	過去1年
15.7	13.2	16.3	22.6	31.1	29.6
26.5	28.5	42.3	24.2	41.9	66.5
6.4	10.1	12.8	5.4	13.3	12.9
0.8	6.8	15.8	10.5	53.1	65.6
11.3	17.6	16.8	13.4	32.5	40.1
8.6	17.4	16.9	5.2	29.1	20.0
5.6	13.3	12.4	13.9	9.9	20.0
9.2	13.5	16.8	16.1	8.1	13.9
5.5	2.1	10.8	0.0	13.8	25.0
4.6	10.9	10.3	13.8	19.2	10.7
21.1	25.7	36.3	25.0	32.3	26.4
7.8	—	10.4	—	21.4	—

米国議会「国家ギャンブル影響度調査委員会最終報告書」(1999年) より

パチンコ、スロット、競輪、競馬、競艇、オートレースと、日本は世界一のギャンブル大国といわれる。全国のパチンコ店数は、年々減少してはいるものの、2011年の時点で1万2千店超。

表❺ ギャンブル依存の度合いと健康・生活破壊の関係

問題	非ギャンブラー 生涯	非ギャンブラー 過去1年	低リスクギャンブラー 生涯	低リスクギャンブラー 過去1年
健康の良否	22.8	21.0	14.0	12.3
精神的トラブル	10.7	14.6	15.9	17.1
過去1年で精神治療	5.1	6.9	6.8	6.3
ギャンブルで家族で口論	データ無し	0.5	0.1	0.3
躁症状経験あり	データ無し	0.7	データ無し	1.6
うつ病経験あり	データ無し	0.1	データ無し	1.0
アルコール・薬物依存経験あり	1.1	0.9	1.3	1.8
過去1年で5日以上薬物使用	2.0	2.4	4.2	5.1
過去1年失業経験あり	2.6	4.8	3.9	3.6
破産経験あり	3.9	3.3	5.5	6.4
逮捕歴あり	4.0	7.0	10.0	11.9
投獄経験あり（無作為抽出のみ）	0.4	—	3.7	—

表❻ ギャンブル依存の度合いと経済的状況　　　　　　　　　　　　(%)

特徴	生涯での分類				
	非ギャンブラー	低リスクギャンブラー	危険なギャンブラー	問題ギャンブラー	病的ギャンブラー
過去1年間で失業保険を受けたことがある	4.6	4.0	10.9	10.9	15
過去1年間で福祉手当を受領した	1.9	1.3	2.7	7.3	4.6
過去1年間の世帯収入（無作為抽出法）（ドル）	36,000	47,000	48,000	45,000	40,000
現時点での家計債務（無作為抽出法）（ドル）	22,000	38,000	37,000	14,000	48,000
破産申立をしたことがある	4.2	5.5	4.7	10.3	19.2

米国議会「国家ギャンブル影響度調査委員会最終報告書」(1999年) より

表❼　病的・問題ギャンブラーの対人口比率と他の依存症との比較　(%)

	病的ギャンブラー	アルコール依存症	薬物依存症	病的・問題ギャンブラー	アルコール依存及び過度の飲酒
12ヶ月	0.9	7.2	2.8	2.9	9.7
生涯	1.5	14.1	7.5	5.4	23.5
情報源	Shaffer氏らの1997年データの委員会分析	全国依存疾患調査(NCS)：Kessler氏ら1994年	全国依存疾患調査(NCS)：Kessler氏ら1994年	Shaffer氏らの1997年データの委員会分析	全国依存疾患調査(NCS)：Kessler氏ら1994年

米国議会「国家ギャンブル影響度調査委員会最終報告書」(1999年) より

表❽　ギャンブル中毒者の社会的コスト推計　(ドル)

コストの種類	主な負担者	問題ギャンブラーのコスト		病的ギャンブラーのコスト	
		生涯コスト	過去1年	生涯コスト	過去1年
失業	雇用主	算定不能	200	算定不能	320
失業手当	政府	算定不能	65	算定不能	85
福祉手当	政府	算定不能	90	算定不能	60
破産申立	債権者	1,550	算定不能	3,300	算定不能
逮捕	政府	960	算定不能	1,250	算定不能
矯正	政府	670	算定不能	1,700	算定不能
離婚	本人／配偶者	1,950	算定不能	4,300	算定不能
健康悪化	健康保険	算定不能	0	算定不能	700
精神的健康悪化	健康保険	算定不能	360	算定不能	330
ギャンブル依存治療	政府	0	0	算定不能	1,050
総コスト／影響		5,130	715	10,550	1,195

米国議会「国家ギャンブル影響度調査委員会最終報告書」(1999年)

表⓾ カジノからの距離と
　　 ギャンブル中毒者率　　　（％）

距　離	問題	病的	合計
0～50マイル	1.1	1.3	**2.4**
51～250マイル	0.6	0.3	0.9
250マイル以上	0.3	0.4	0.7

注）米国「国家ギャンブル影響度調査委員会」に
　　提出されたイリノイ州の事例

E. Grinols, Gambling in America, P179 より

表❾ ギャンブル中毒者の増大
　　 （アイオワ州の調査）　　 （％）

	1989	1995	増加
病的	0.05	1	0.95
問題	1.05	2.3	1.25
病的（生涯）	0.1	1.9	1.8
問題（生涯）	1.6	3.5	1.9

E. Grinols, Gambling in America, P178

もなる。これをアメリカ国民1人あたりの社会的コストに換算すると、180ドル～289ドルとなり、これはカジノで得られる客1人あたりの年間利益、推定46ドルの4～6倍以上で、カジノは政策決定に必要な費用便益分析による試験に失格しているとグリノルズ教授は指摘したのである（表⓫）。

もちろん、ギャンブル依存者に対する社会的認知が異なる日本において、米国における社会的コストの推計を単純に適用することはできない。しかし、決して「経済的社会的メリットがデメリットを総合的に上回ることが証明されて」いるとはいえないのであり、日本においてカジノ合法化という政策決定を行う前に、パチンコなどによるギャンブル依存者の実態調査やその社会的コストについて、国家的な規模で科学的に調査することが必要であり、さらにカジノが加わった場合の社会的コストの推計を行うことが不可欠である。

略奪的ギャンブルとしてのカジノの特異性

米国では、カジノは他のギャンブルと区別して「略奪的ギャンブル」（Predatory Gambling）と呼ばれている。友人や家族との賭けごとや、スポーツを対象とした賭けごととは異なり、「滅びるまで賭ける」「有り金全部なくなるまで賭ける」ように射幸心と陶酔感を煽りたて

表⓫ ギャンブル依存者の年間社会的コスト推計

⓫-a 社会的コストの項目と1人当たりコスト (ドル)

		病的ギャンブラー	問題ギャンブラー
1	犯罪行為	3,591	424
2	ビジネスと雇用	2,358	1,023
3	破産	251	未推計
4	自殺	未推計	未推計
5	疾病	773	未推計
6	治療等の社会的サービス	415	529
7	規制費用	未推計	未推計
8	離婚や児童虐待等	62	未推計
9	不正な金融取得	2,880	968
	合　計	**10,330**	2,944

注）上記金額10,330ドルは2003年物価水準での計算であるが、E. Grinolsは2010年基準では病的ギャンブラーの年間コストが13,067ドルになるという推計を公表している（Gambling Economics : Summary Facts）

表⓫-b 米国全体の社会的コスト推計 (億ドル)

問題ギャンブラー	高水準	431	**538**
	低水準	**324**	430
		低水準	高水準
		病的ギャンブラー	

病的ギャンブラー　高1.38%　低0.9%
問題ギャンブラー　高3.65%　低1.95%
　　　　　　　　　　　　と前提

E. Grinols, Gambling in America, P172-174 より作成

注1）病的・問題ギャンブラーの比率は、各調査の比率にばらつきがあるため、信頼確率95%の範囲に収まる最高値と最低値を示したものである。
注2）例えば、問題ギャンブラーと病的ギャンブラーの最高値の組合せが右上の538億ドルという推計値になる。
注3）グリノルズは、この社会的コスト全体から米国民1人当たりの負担を180ドルから289ドルと推計している。

る「もっとも攻撃的で略奪的なビジネス」（「ストップ略奪的ギャンブル」HPより）とされるからである。具体的には、①賭けるゲームの速度が速い、②賭け金額が大きく勝った時に得る高揚感が大きい、③ギャンブルに興じる時間が長くその回数が多い、④一定時間内に失われる金額が大きい、⑤興奮させギャンブルに夢中にさせるテクニックを駆使したビジネスの手法という点で、他のギャンブルとは際立った違いがあるというのである。

前述したように、カジノは顧客に賭ける回数を重ねさせるほど胴元（カジノ企業）が必ず儲かるビジネスであり、長時間ギャンブルに夢中にさせ、時々勝たせて陶酔感を経験させ、負けが込んでも一発逆転を期待させてさらに賭けを継続させるという手法が、企業としての収益を左右するビジネスである。カジノの収益の90％は10％のギャンブラーに依存している、といわれている。それは、大金を賭ける優良顧客（VIP）は約10％であり、優良顧客をいかに確保するかがカジノ企業の収益を左右することを意味すると同時に、カジノ企業が、1人でも多くの客をギャンブル依存の状態に誘導し「滅びるまで賭け」させ、限られた「優良顧客」から高収益を得ていることを意味している。

カジノは他のギャンブルと同質のものであり、カジノ合法化によって新たなギャンブル依存者は生まれないという主張は、こういったカジノの略奪性を無視した議論といえる。カジノにおけるギャンブルが、胴元や顧客によって不正に操作されていなければ健全であり、家族みんなで楽しめる娯楽であるとは断じていえない。カジノにかかわった一定数の人々を、必ずギャンブル依存症にしてしまう危険性があることをしっかり認識する必要がある。大金を賭け、たまたま勝ちを得たときに刺激される脳の部分（ドーパミンの分泌等）は、麻薬を服用したときに刺激される脳の部分と同じであり、そのような物質依存と同様の中毒症状を結果することが医学実験で明らかにされている。その科学的知見を反映して、米国精神医学会でも、病的ギャンブラーは強迫観念によって行動がやめられなくなる「行動依存（アディクション）」に留まらない、

「物質依存」であることが公式に認められている。カジノは、そのような病気をもたらす危険性の高いものであることをしっかり認識しなければならない。

マカオとシンガポールの成功物語の幻想

カジノ推進派が、カジノの経済的利益の大きさを主張する時に成功モデルとして挙げるのが、マカオやシンガポールにおけるカジノ産業の隆盛である。もともとカジノ合法化の地であったマカオが、2002年に外国カジノ企業に市場を開放した結果、ラスベガスのカジノ企業が大挙してマカオに乗り込み、次々と巨大なカジノ施設を建設していった。今や、マカオでのカジノ市場規模はラスベガスを大きく凌駕し、世界最大のカジノ都市となっている。巨大なカジノ施設の建設ラッシュとマカオ訪問客の急増、カジノ企業における雇用の増大（所得上昇）と税収の増大は、ラスベガス型のカジノ施設導入の成功事例として扱われてきた。

カジノ拡大による経済的効果の現象が先行するため、カジノのプラス面のみが強調されてきたが、現在ではそのマイナス面も否定できなくなり、それに着目した研究成果も増大してきている。たとえば、マカオ大学のイム・ワン教授らが、2002年から2009年にかけ、カジノの社会的影響を調査した研究（Yim King Penny Wan, et al., 'Social Impact of Casino gaming in Macao', 2011）では、雇用、所得、そして税収の増加などの「幾つかの社会的利益をもたらしているが、それを上回る否定的な影響ももたらしている」と結論づけている。

すなわち、

① 高学歴を必要としないカジノ企業の雇用が増えたため高校中退率が急増し、社会が必要とする人材育

成が後退している。

② カジノに来る観光客は増大したが、地元商店街やレストランに来る客は減った上に、地代の上昇や労働力不足と賃金の上昇によって、中小企業の経営が困難となり、淘汰が進んできた。

③ 反社会的なギャンブラーの急増で、児童虐待や家庭崩壊、犯罪が増大し、それに関連した社会的コストが増大してきた。

④ 公園などの公共的施設や市民が憩う緑が減少し、交通渋滞の悪化や乱開発などによって、生活の質が悪化してきている。

⑤ 賃金が上昇しても物価上昇に追いつかず、生活困難者が増大している。

からというわけである。

2010年に2つの巨大カジノ型総合リゾート施設がオープンしたシンガポールでも、その後の観光客の増大による観光収入の急増や、地元での雇用増と税収の増加への貢献の大きさの一方で、ギャンブル依存者や犯罪は増大していないと報告され、成功モデルとして強調されているが、実際には負の影響も無視できない状況になっている。シンガポール政府によって2005年に設置され、2008年までは毎年、以降は3年ごとに国民のギャンブルへの参加度を調査する「問題ギャンブルに関する国立審議会」(National Council for Problem Gambling＝NCPG)の最新調査 (NCPG, 'Report of Survey on Partcipation in Gambling Activities Among Singapore Residents', 2011)では、病的ギャンブラーの比率は2008年の1・2％から1・4％とほぼ横ばいである一方で、低所得層の高額賭博行為による破綻の増加が明らかになり、入場料が1日わずか100シンガポールドル（約8000円）であることや、立入制限制度があっても自己申告であるなど、ギャンブル依存者対策の不備が明らかになった。この結果、2012年には、政府からコミュニティケアなどによる各種補助を受給する市民のカジノ立入禁止措置が導入されたが、その対象者は約4・6万人とな

図❸　シンガポールのカジノ立ち入り制限

(千人)

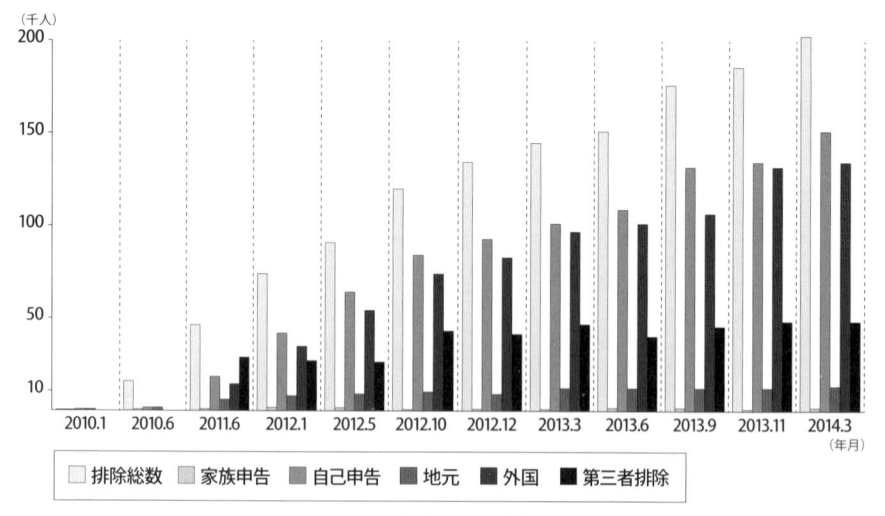

| 年月 | 排除総数 | 家族申告 | 自己申告 | 地元 | 外国 | 第三者排除 |

注：自己排除制度家族申請は2009年4月より開始。
自己排除制度自己申告は2009年11月より開始。
自己排除の外国人申請は2010年11月より開始。
第三者制限は2009年12月より開始。
外国人は、外国籍のシンガポール居住者（労働者）のことである。

っている（図❸、2014年3月）。また自己申告による立入制限を申請した数が15万人、さらには家族による立入制限申請が1720件を超えているのである。自分ではコントロールできないため、カジノの立入禁止を申請した市民が2つのカジノがフルオープンした2010年半ばの約1670人から現在（2014年3月）20万人を超えていることは、カジノのギャンブル依存への誘引力の大きさを示しているといえる。

M・マチュウ氏らによる実態調査（Mathew Mathews, et al. 'Impact of problem gambling on financial, emotional and social well being of Singaporean families', 2012）では、比較的裕福な層で家族がギャンブル依存者となり、財産を失い、借金を重ね、家庭崩壊と自己破産に追い込まれていく実態が生々しく明らかにされている。実際、自己破産申請数は2010年の2202件から2012年には3019件に急増している。モデルとされる厳しいギ

ャンブル依存者対策にもかかわらず、今、シンガポールはカジノの負の影響と苦闘しているのである。

マカオやシンガポールは都市型国家であり、その観光客増加の大半は、ビザ制度の緩和で旅行が容易になった中国人やASEAN諸国民で占められている。いわばカジノ収益のほとんどが国外からの観光客によってもたらされるというか特殊なモデルといえる。それでも、その利益を上回る社会的コストが発生しているとされる指摘はかなり重視する必要がある。

富は誰の手に

以上の問題点の他、マカオやシンガポールの場合は、ラスベガスのカジノ企業に依存することの危険性も露わにしている。たとえば、日本進出の有力候補とされているラスベガス・サンズは、マカオとシンガポール進出で2013年には138億ドルの収益をあげる世界最大のカジノ企業へと急成長を遂げてきた。同年の税引き前利益は約31億ドルという高収益を誇っている（表⓬）。驚くのは、その収益並びに利益の約7割をマカオで、2割をシンガポールで稼いでおり、ラスベガスなど米国内の比重は約1割であるということである（表⓬）。マカオとシンガポールでのカジノの利益率は、米国内のほぼ2倍という高水準を誇っている。

ラスベガス・サンズは、株主に21億ドルの配当を還元している（表⓭）。株主の7割は経営者のアデルソン一族なので、利益の大半は個人のポケットに入ったともいえる。端的にいえば、アジアで稼いだ利益は、ほんの一部が納税されるほかは、大半が国外に持ち出され、かつ「私的」利益に消えてしまっているということになる。

一族支配が濃厚なサンズとは異なり、多くの米国カジノ企業は機関投資家の出資を受け入れて巨大化し

表⓬　ラスベガス・サンズの収益構造　　　　　　　　　　（百万ドル）

	2009	2013
純収益	4,563.1	**13,769.9**
税引き前利益	-372.6	**3,143.5**
税負担	-3.9	188.8
資本金	5,850.7	7,665.5
一株当たり配当	—	1.4

	2013
株買戻し	561
配当金	1,564
株主還元	**2,125**

収益構成	2013	
カジノ	11,386.9	78.6%
宿泊	1,380.7	9.5%
飲食	730.3	5.0%
モール	481.4	3.3%
会議・小売等	515.2	3.6%
合計	14,494.5	
顧客への還元	-724.6	
純収益	**13,769.9**	

サンズ会計報告書（Form 10-Q）より

表⓭　ラスベガス・サンズの収益源　2013年第三四半期

(百万ドル)

	純収益	比率	EBITDA		EBITDA/収益
Vnetian Macao	1149.1	31.3%	433.4	35.7%	37.7%
Sands Cotai Central Macao	790.7	21.5%	237.8	19.6%	30.1%
Four Seasons H Macao	238.1	6.5%	76.8	6.3%	32.3%
Sands Macao	326.7	8.9%	88	7.3%	26.9%
マカオ小計	2504.6	**68.2%**	836	68.9%	**33.4%**
Marina Bay Sands, Singapore	659.8	**18.0%**	258.8	21.3%	**39.2%**
アジア合計	3164.4	86.1%	1094.8	90.2%	34.6%
Sands Bethlehem	124.1	3.4%	30.3	2.5%	24.4%
Las Vegas	385.7	**10.5%**	88.2	7.3%	22.9%
合　　計	3674.2	100%	1213.3	100%	33.0%

注：EBITDA（＝ Earnings Before Interest, Taxes, Depreciation and Amortization.）
　　金利・税金・償却前利益と訳される場合も。税引前利益に、特別損益、支払利息、
　　および減価償却費を加算した値。

サンズ会計報告書（Form 10-Q）より

てきたが、株主利益の極大化を目指して、アジアでの極めて高収益なカジノビジネスの拡大を推進していることには変わりはない。「ハゲタカ・ファンド」ならぬ「ハゲタカ・カジノ・ファンド」と一体になった米国カジノ資本に、日本国民が食い物にされるのがカジノ解禁の実態といったらいい過ぎだろうか？　少なくともラスベガス・サンズがマカオやシンガポールでおこなったビジネス手法を日本で許した場合、それは日本経済の活性化とは無縁のものであるといわざるを得ない。

49　第2章　カジノはほんとうに経済的効果をもたらすのか？

非合法カジノは根絶できるのか

ギャンブルは人間の本性上なくならないものであり、非合法化すれば闇賭博などが繁盛し、組織暴力団の資金源となるが、合法化することで闇賭博などを根絶し、新たな税収源を確保できるという主張もされている。カジノ禁止ではなく、「カジノ・コントロール」が合理的というわけだ。しかし、同様の議論でスタートした米国でのカジノ解禁で起きたことは、カジノ人口の裾野を広げ、病的・問題ギャンブラーを増大させ、逆に非合法ギャンブルへのニーズを増大させたという事実だった。税金を支払う必要がなく、入場料徴収という負担もない非合法ギャンブルの方がギャンブラーにとって魅力があり、合法カジノへの出入りが禁止されたギャンブラーは、非合法カジノに流れたと指摘されている（94年議会公聴会）。合法カジノへの立入制限を課せられたギャンブル依存者の増大は、結局、非合法カジノへの「需要」を高める結果になり得ることをしっかり認識する必要がある。

終わりに──儲かればいいのか

カジノ推進派は、カジノは人間に最高の娯楽手段を提供する「大人の遊び」（エンターテイメント）は、日々の労働の疲れを癒し、明日への生気を養うものである。スポーツやその観戦は、新たな生活への活力になるものといえる。しかし、総合リゾート型のカジノ施設は、そのような娯楽とはまったく性格が異なる。その本質は、他の娯楽施設からカジノに誘引し、主な収益はカジノであげることにある。ラスベガス・サンズは、その収益の8割をカジノで稼いでいる。そしてその収益は、人々を

ギャンブル依存状態に追い込む技術を組織的に競い合うことで成り立っているのである。顧客に幻想を与えつつ確実に負けさせることで利益をあげるビジネスモデルは、まさに略奪的であり、生産的な営みとはまったく無縁のものであることを何度でも強調しなければならない。そして、その経済的利益といわれるものも、単なる所得の移転であり、国民経済的には何ら成長要因になり得ず、「共食い」を通じて地域社会の衰退を促進するものなのである。

本章では、経済政策の判断基準として、その利益とコストの比較を客観的に行う必要があり、カジノはその検証に失格するものであることを示してきた。しかし、このような「費用便益分析」の限界もまた指摘しておかねばならない。

たとえば、治療効果が高く、かつ製薬会社に巨額の利益をもたらす新薬が、同時に深刻な副作用をもたらし、高い確率で人命を奪う場合を考えてみよう。新薬を認可することによって、失われる人的被害の経済的評価額を上回る利益が発生するとして、ベネフィットがコストを上回っているからといって、その新薬の販売は認められるだろうか？　人的犠牲を前提とした利益追求を許した場合、私たち人間社会は崩壊していくのではないだろうか？　賭博で儲けること、それを一企業のビジネスに留まらず、国家の政策とすることの持つ意味を深く問いかけ、まさに日本人としてのモラルを試しているのが、カジノ合法化問題であるということを最後に記して本論を終わりたい。

第3章 ギャンブル依存症という重篤な病

藍里病院医師　吉田精次

「ギャンブルがやめられないのはその人の人格と意志の問題だ」は間違い

「夫はあちこちのサラ金に借金しているのに、競馬がやめられない」「息子は結婚して、子どももまだ小さいのに、パチンコで借金を作っている」「妻は家事を放り出してパチンコ店に入り浸りで困っている」「息子は大学に入学したのに、スロットばかりしてとうとう留年してしまった」「口を開けば嘘ばかりで人格が変わってしまった」。こうした悩みで相談に来るギャンブル依存症者の家族がたくさんいる。

家族は多重債務に陥ったギャンブラーにギャンブルをやめるように説得したり、説教したり、「もうやめてちょうだい」と泣いて頼んだり、「もしやめないなら縁を切る」と脅したりして、なんとかギャンブルをやめさせようとする。借金まみれになったギャンブラーは、家族の前では「二度とギャンブルには手を出さない」と涙ながらに誓うが、誓うだけでまた元に戻ってしまう。くり返される借金と嘘。この現象をどう理解すればよいのだろうか？

「意志が弱いだけだ」「本人にやめる気があればやめられるに決まっている」「家族がどれだけ苦しんで

52

いるかわかったら、ギャンブルをやめるだろう」「この人、ほんとは世話好きでいい人なの、暇があるからパチンコに行ってしまうだけ」。こうした家族の声もよく聞かれる。しかし、そのような考え方ではまったく解決の糸口すら見出せないのが現実である。なぜ、破滅するかもしれないとわかっていながらギャンブルをやめられないのだろうか？　家族を大事に思っていないから、ギャンブルを続けるのだろうか？　自分勝手でわがままな人間だからだろうか？　親の育て方が悪かったからなのだろうか？　ギャンブルという行為は人を依存状態に陥らせるものであると理解することで、これらの謎が解ける。

ギャンブル依存症は脳の機能変化によって引き起こされる病的状態

依存症とは、「生活上の悪い影響が大きくなっているにもかかわらず、薬物などの摂取や特定の行動を続ける病」と定義されている。依存症にはアルコールや依存性薬物による「物質依存」と、ギャンブルを代表とする、単なる気晴らしや遊びの域を飛び越えて自分の意志の力では止められない状態にまで進行していく「行動の依存」がある。どの依存症にも次の6つの共通点が見られる。

① 反復性（習慣的にギャンブルをくり返す）
② 強迫性（意志や判断を超えてくりかえされる）
③ 衝動性（ついついやってしまう、気がついたらやっていた）
④ 貪欲性（とことんやってしまう）
⑤ その行動から得られるメリットがある（それをやっていると何もかも忘れられる、現実逃避など）
⑥ 有害性（自分だけでなく、家族や周囲も巻き込んで経済的・社会的に破壊する）

図❶　依存症発症のメカニズム

```
        ┌─────────────┐     ┌─────────────┐
        │ 快体験／報酬効果 │─────│ 不快体験／罰効果 │
        └─────────────┘     └─────────────┘
カッコいい、大人の雰囲気、好奇心、    │         負ける、悔しい、取り返したい…
自己顕示、流行、仲間に入る、特権  社会的強化
意識、人間的接触…                ▼
                        ┌─────────────┐
                        │  報酬効果の増強  │
                        └─────────────┘
     たまに勝つ、取り返せる、
     今度こそ…             反復 ▼                脳の機能変化の進行

        ┌─────────────┐     ┌─────────────┐
        │ 快への感受性亢進 │─────│ 不快への感受性低下 │
        └─────────────┘     └─────────────┘
やっている時の快感、現実逃避 心理的防衛反応 ▼ 反応の単略化  負けがふくらむ、借金、犯罪…

                    ┌─────────────┐
                    │  自動性の獲得  │ 依存症の完成
                    └─────────────┘
```

「やっている時はバラ色、やっていない時は灰色」「もうこりごりだ、でもまたやろう」「わかっちゃいるけど止められない」
「一時のリラックスを求めてすべてを犠牲にする」

「カプラン臨床精神医学テキスト」に基づいて図式化

ギャンブル依存症が薬物依存と同様に、脳に機能変化をきたすことが明白になったのは2000年に入ってからだ。運動を円滑に行うために必要なドーパミン（神経伝達物質のひとつ）が不足することで発症するパーキンソン病の治療として、ドーパミン補充療法を受けた患者の中から、ギャンブルにハマる人が多数出てきたという報告が次々に発表された。その薬をやめるとギャンブル行為が止まるのだ。ドーパミンを含む脳の機能異常とギャンブルがやめられない行動は、密接に関係していることが明白となってきた。

ギャンブル依存症者はギャンブル絡みの刺激に対しては脳が過剰に反応する一方で、ギャンブルが絡まない刺激にはあまり反応しない。ギャンブル以外のことへの脳の反応が減っている反面、ギャンブルへの反応は高まっているため、よりギャンブルから抜け出しにくいと考えられる。この現象は、物質依存者の場合の薬物と、それ以外の刺激に対する反応に一致している。研究の結果、くり返されるギャンブル行為によって、脳に変化

が起きていることがわかってきた（図❶）。

ギャンブル依存症の診断基準

次の10項目のうち5項目以上に該当すれば、ギャンブル依存と診断される。

① いつも頭の中でギャンブルのことばかり考えている
② ギャンブルに使う金額が次第に増える
③ ギャンブルをやめようとしてもやめられない
④ ギャンブルをしないとイライラして落ち着かない
⑤ いやな感情や問題から逃げようとしてギャンブルをする
⑥ ギャンブルで負けた後、負けを取り返そうとしてギャンブルをする
⑦ ギャンブルで問題が生じていることを隠そうとして、家族や他の人に嘘をつく
⑧ ギャンブル資金を得るために、文書偽造、詐欺、盗み、横領、着服などの不正行為をする
⑨ ギャンブルのために、人間関係や仕事、学業などがそこなわれる
⑩ ギャンブルで作った借金を他人に肩代わりしてもらっている

この診断基準に5項目以上該当する人は、どのくらいいるだろうか。成人男性の例で挙げると、アメリカ1・4％、カナダ1・3％、イギリス0・8％、オーストラリア2・1％などに対し、日本は5・6％で、諸外国に比べてはるかに多いことがわかる。男女別で見ると、男性9・6％、女性1・6％となり、日本人の男性480万人、女性75万人、合計555万人がギャンブル依存症と診断される（表❶）。日本のギャンブル依存症者の数がいかに多いかということと同時に、この問題があまりにも過小評価されているという

表❶ ギャンブル依存症の診断基準に該当する人の各国比較

国	調査数（N）	調査年齢	生涯有病率 （スコア5以上）	引用文献
アメリカ	1,000	18〜	1.4%	Volberg 他 1988
カナダ	3,120	18〜	1.3%	Ferris 他 2001
イギリス	7,770	16〜	0.8%	Sproston 他 2000
スペイン	1,615	18〜	1.7%	Becona 他 1996
スイス	2,526	18〜	0.8%	Bondlfi 他 2000
スウェーデン	7,139	15〜74	1.2%	Jonsson 他 2006
ノルウェー	5,235	─	0.3%	同上
フィンランド	5,013	15〜	1.5%	同上
オーストラリア	10,600	18〜	2.1%	委員会報告 1999
ニュージーランド	6,452	18〜	1.0%	Abbott 他 2000

日本	調査数（N）	調査年齢	ギャンブル依存（病的賭博）
尾崎、樋口 2008	7,500 (有効回答 4,123)	20〜	男性 9.6%　女性 1.6%

Volberg 他 1988、Ferris 他 2001、Sproston 他 2000、委員会報告 1999、尾崎・樋口 2008

事実を強調しておく。

ギャンブル依存症の症状と進行過程

ギャンブル依存症の二大症状は「借金」と「嘘」である。

借金がはじまったときはすでにギャンブル依存症の段階に入っているといってよいだろう。最初は自分の小遣いの範囲からはじまる。ギャンブルは必ず負ける仕組みになっているので、ときどき勝つことはあっても、最後は必ず持ち金が尽きることになる。小遣いだけで足りなくなると、生活費を使う→貯金を切り崩す→持っている金目の物を売る→家族の物を売る→家族の金に手を出す、とエスカレートしていき、その後はたいていサラ金に行きつく。サラ金もはじめは1社だけだったのが、返済ができなくなると、2社、3社と増えていき、やがて別のサラ金から借金をして返済するという悪循環に陥ることが多い。そうなると、家族に嘘をついて金を出させる→会社の金に

また、ギャンブル依存症では、次に列挙するような思考の歪み（妄想）が現れてくる。

- ギャンブルはお金を稼ぐ手っ取り早い方法である
- ギャンブルは健全なレクリエーションである
- 自分のギャンブルはコントロールできている
- やめる必要はない、おさえればいい
- 負けは勝って取り戻せる
- 自分の問題はお金（借金問題）だけだ

また、ギャンブル依存症では、次に手を出す→窃盗をはたらくなどの手段に発展していきかねない（図❷）。

図❷　ギャンブル依存症への進行経過

《ゲームの段階》
遊びの感覚。まだコントロール可能。

① ちょっとした遊び　時間つぶし
・小遣いの範囲で。

② たまに勝つ快感　負ける悔しさ
・生活費に手を付ける。

《予備軍段階》
クセになりかけている。やめるのに強い意志が必要。

③ 負けを取り戻したい　掛け金が大きくなる
・貯金を切り崩す。
・金目のものを売る。

④ ギャンブルが　日常的になる
・家族や兄弟の持ち物や金銭に手を付ける。

《ギャンブル依存症》
自らの意思力では制御不能な状態。第三者の援助が必要。

⑤ ギャンブルをしないと　精神に変調をきたす
・金融機関から借金をする。
・会社の金に手をつけたり、窃盗など犯罪行為におよぶ。

⑥ 思考停止し、　ギャンブルで頭が一杯
・一旦やめてもちょっとしたきっかけで元の状態に戻る。
・頭ではギャンブルをやめたいと思っても身体が反応する。

57　第3章　ギャンブル依存症という重篤な病

- どうせあとで返せる
- 多額のお金を賭けるほど、勝つチャンスも大きくなる
- 事態が悪化すれば、誰かが尻ぬぐいをしてくれる
- 借金を返すためにギャンブルをしているのであって、借金がなければする必要がない

このような思考の歪みの結果、ギャンブル依存の二大症状といわれる「嘘やごまかし」と「借金」が常態になっていく。当初は気分転換として有益に感じられていたのに、次第に家族、友人、学業、仕事、趣味などに費やされるべき時間が失われるようになり、家庭内不和、精神的、身体的、経済的DV（＝ドメスティック・バイオレンス）、ネグレクト、職場などでの信頼失墜、民事問題（債務問題など）、刑事問題（横領、詐欺、窃盗など）に発展し、最終的には、自殺まで引き起こしかねない事態になっていく。

アルコール依存症の場合、過剰に飲酒すれば酩酊するため、だれの目にも飲酒していることがわかるが、ギャンブルはいくらのめり込んでいても外見からはわからない。ごまかしがきくことから、巧妙な嘘とごまかしがギャンブル依存者の常套手段になる。ごまかしきれずに問題が発覚したときが回復の最大のチャンスだが、周囲の人にギャンブル依存症についての正しい知識がないと、対応を間違えて絶好の機会を逃してしまう場合が非常に多い。いわゆる一般常識的な判断では間違った対応になってしまう。どんな病気もそうであるように、専門的な知識と判断が必要である。

ギャンブル依存症は回復困難な精神疾患

ギャンブルは、いったん依存症のレベルに達してしまうと、回復には長い時間と地道な努力が必要になる。外見からはわからない病気であるため、周囲から軽くみられがちだが、金銭面の破綻だけではなく、

人間関係の破綻や人間性の崩壊にまでおよぶ極めて深刻な病気である。

ギャンブル依存の回路は脳に一生残る

一度依存症になると、脳には一生その回路が残る。そのため何年やめていても、ギャンブル依存症者がギャンブルを「ほどほどに楽しむ」ということは不可能である。やり始めるとあっという間に元通りになると考えなければならない。ただし、やめていればほかの脳の機能は回復していく。

ギャンブル依存症を治療する精神科医が極端に少ない

ギャンブル依存症と診断がついたときは、それは個人の意志や人格の問題ではなく、れっきとした病気（脳機能の疾患）であると認識することが必要である。しかし、まだまだギャンブル依存症に関心をもって治療に当たる精神科医が極端に少ないのが現状である。残念なことに、病気と診断されず、適切なアドバイスを受けることもできない状況が多々あるのだ。

有効な治療薬は存在しない

ギャンブル依存症に有効な薬物治療法はまだない。週1回以上の自助グループのミーティング（ギャンブル依存症当事者が、ギャンブルをやめるために体験を話し、聞く集まり。GA＝ギャンブラーズ・アノニマス）に出席することが、最も効果的な回復手段である（表❷）。月1回の通院と組み合わせれば、さらに有効である。

ギャンブルは金銭感覚を歪ませる

ギャンブルを続けているうちに、金銭感覚は完全に歪んでしまう。その立て直しには家計簿をつけるこ

第3章　ギャンブル依存症という重篤な病

表❷　ギャンブル依存症者自助グループ

	連絡先	ホームページ	対　象
ギャンブラーズ アノニマス（GA）	電話 046-240-7279 FAX 046-263-3781	http://www.gajapan.jp	本　人
ギャマノン	電話／FAXとも 03-6659-4879	http://www.gam-anon.jp	家　族

とがたいへん効果的である。使ったお金を毎日1円残らず記録していく。レシートは家計簿に貼りつける。これを続けると、数カ月で金銭感覚がかなり戻る。

わずかな借金からギャンブル依存が再発する

借金の金額のさばを読まないことが回復への第一歩である。わずかな借金でも残しておけば、そこから必ずギャンブルが再開する。ギャンブルをやりたくなったり、実際にやってしまったら正直に告白する。嘘をつくと、そこから崩れていくからだ。

借金がある場合、返済計画を徹底して実行する。しかし、計画作成にはギャンブル依存症に詳しい司法書士、または相談所でなければ、単なる借金問題として処理されてしまうので注意が必要だ。アルコール依存症のために内臓疾患になったのに、内科治療だけで終わってしまうのと同様である。

わずかなギャンブル情報からギャンブル依存が再発する

コンビニのパチンコ雑誌、新聞のチラシ、スポーツ新聞の競馬や競艇の記事、インターネットなど、ギャンブル情報の一切を徹底的に遮断することが大切である。実際にギャンブルをしなければ問題はないだろうと考えていても、それらのギャンブル情報は脳に刺激を与え続けてしまうのだ。

現金を持てばギャンブル依存が再発する

ギャンブルの最大最強の引き金は現金である。ギャンブル依存症者にとって、現金はすべてギャンブル資金であると見なさなければならない。どんなに大切なお金（生活費、子どもの学費、会社の運転資金、借金の返済金、退職後の貯金など）でも、ギャンブルへの切符にしか見えないことは、ギャンブル依存の極めて重い症状の一つと理解する必要がある。基本的に「現金を持たない、とりあえずの回復安定期といわれる3年間は、現金の徹底した管理が必要である。基本的に「現金を持たない、持つとしても硬貨までとし紙幣は持たない。どんな理由や要件があっても、数千円以上の現金を持ってひとりで動かない」ことを徹底する。借金返済のため銀行に振込みに行く途中や、車にガソリンを入れに行く途中でも、ひとりで行動するとパチンコ店などに立ち寄ってしまう例が無数にある。

家族の協力が不可欠

家族がこの病気の特徴を理解することは、回復への大きなカギである。家族が、最大の被害者から最大の協力者になってほしいのである。「すべきこと」と「してはならないこと」を家族が見わけ、その意味を理解することが、回復に向けた重要なサポートになる。

具体的には「ギャンブル依存は意志や自覚の持ちようで治るという誤った考えを捨てる」「借金の肩代わりをしない」「尻拭いをしない」「お金の無心をされても貸さない」「ギャンブル依存についての本を読む」「相談できる機関に連絡を取る」「家族会に出る」などがポイントである。

当事者本人が、なかなか自主的に治療を受けたがらない場合は、まず家族だけで専門医に相談するのだ。家族がこの病気を理解し、当事者への対応が変わると、必ず事態の打開につながるのだ。

表❸ ギャンブル依存症者の自殺リスク

対象者	自殺念慮		自殺企図	
	1年以内経験率	生涯経験率	1年以内経験率	生涯経験率
全国民からランダム抽出	4.0%	19.1%	―	―
健常対照群（110名）	2.7%	14.5%	0%	1.8%
病的ギャンブリング群（116名）	26.7%	62.1%	12.1%	40.5%
アルコール使用障害者	―	55.1%	―	30.6%
薬物使用障害者	―	83.3%	―	55.7%
大うつ病性エピソード該当者	19.4%	―	8.3%	―

第2回依存症者に対する医療及び回復支援に関する検討会発言
『病的賭博（ギャンブル依存症）について』田辺等、2012年

ギャンブル依存症と犯罪、自殺の密接な関係

前述の通り、ギャンブル依存症者の金策の延長線上には、横領、ひったくり、万引き、強盗といった犯罪行為がみられる。アメリカでは一般受刑者の約30％がギャンブル依存症だといわれている。日本ではギャンブル依存症者の約60％に、500万円以上の借金があるという報告もされている。

自殺との関連では、1年以内の自殺企図は一般の約10倍、生涯の自殺企図は一般の約40倍にもなる（表❸）。これらはほとんどマスコミが取り上げない統計データであるため、知らない人の方が多いだろう。しかし、これが実態である。

もし日本でカジノが合法化されたら

もし、カジノ法案が国会で可決成立し、カジノが合法化されれば、新たなギャンブル依存症者が大量に発生することは確実である。

カジノ推進派からは、「カジノの収益からギャンブル依存症の治療施設を作り、その治療に当たればよい」という

意見が聞かれる。依存症になってしまった後、ギャンブルから離脱するために、当事者とその家族などがどれほどの努力と労力と年月を必要とするかをまったく理解していないとしか考えられない。しかも、いったん依存症になれば、もうギャンブルに関するコントロールを取り戻すことはできない。推進派は、ギャンブル依存症が、本人の人生ばかりか家庭をも破壊してしまうほど深刻な病であることを理解していない。

そもそも、医療で現在最も重要な課題の一つとなっているのが、「病気を予防すること」である。人々が病気にならないための施策を考え実行するのが、国をはじめとする行政機関のすべきことであり、われわれ専門家の仕事である。

第4章 韓国・マカオ、カジノの街から見えること

ジャーナリスト 寺田麗子

はじめに

「絵に描いたモチは喰えない」というのが結論だった。

カジノを推進する政治家や経済界の人々は、税収や雇用効果など、プラスの試算だけを積み上げカジノ誘致を主張するが、社会全体や住民生活への影響には言及しない。

そこで、カジノの存在が地元住民にどのような変化をもたらしたのかを暮らしの現場から見てみようと、自分の目で取材することにした。私の基本スタンスは、地域の生活者としての実感をできるだけ多くの住民から聞き出すことだ。為政者が掲げる数字はさまざまな手法で都合よく加工されてしまうので、暮らしの中からあがって来る本音を突撃インタビューで聞いてまわった。

沖縄県では、1972年の本土復帰直後からカジノ誘致の声があがっていた。日本政府からも復帰後の振興策のひとつとして、一国二制度を適用してカジノを解禁してみてはとの提案があったようだが、その ときは沖縄教職員組合をはじめ、県民から大きな反対の声があがり、誘致案は撤回された。それが近年、

韓国で唯一自国民向けのカジノ、江原ランド。周囲には貧しい家々が建ち並ぶ。

石原慎太郎元東京都知事のお台場カジノ構想に始まって、橋下徹大阪市長もカジノ構想を語るなど、カジノ誘致に向けた動きが各地で本格化している。

2013年12月27日、仲井眞弘多（なかいまひろかず）沖縄県知事は急転直下、普天間基地の辺野古沖への移転受け入れを発表した。受け入れ条件のひとつとして仲井眞知事は、沖縄本島北部地域振興策と共にカジノ誘致を組み込んでいた。以前から県庁内にIR準備室を設置し、多額の調査費をつけてカジノ誘致を目論んでいた仲井眞知事の作戦であった。

仲井眞知事はさっそく県庁内にカジノ誘致のための準備室を置き、調査のための予算もつけた。米軍基地という負の遺産を受け入れ、カジノといううさらに大きな負担を次世代に残すことは許されることではない。

1990年代初頭からカジノ解禁反対活動を展開してきた「沖縄カジノ問題を考える女たちの会」は、沖縄県民の生活を根底から破壊しかねないこの計画に対し、参議院議員の糸数慶子（いとかずけいこ）氏を中心に、全力をあげて推進派グループと立ち向かう意志を

江原ランド内に設置された賭博中毒センター。
カジノが原因で発症したギャンブル依存症者を治療するというマッチポンプ。

あらわした。糸数氏は県議会議員の頃からアメリカやヨーロッパ・アジア・オーストラリアなどのカジノ視察を行い、沖縄では「カジノ問題シンポジウム」などを通じて、カジノ解禁の危険性を訴えてきた。

私は糸数氏と二人で、これまで韓国・マカオ・シンガポールを取材してきた。そのうち、韓国とマカオについてはDVDにまとめて発表した。シンガポールについては監視体制の厳しさもあり、自由な取材がほとんどできないままに終わり、それ故の怖さも感じた。アジア各地の人種で構成されるプラットホームのような国家なので、日本が参考にするには違和感がある。今後の動きに注目していきたい。

本稿では、韓国とマカオの暮らしの現場から見えてきたことを報告する。

韓国・江原道チョンソングンの現在

ギャンブル依存症と「韓国賭博中毒センター」

「溺れる者は藁をもつかむ」という諺を思い出した。韓国で唯一自国民に開かれたカジノの町で住民たちの嘆きの声を聞き、弱者の選択はいつも厳しい条件の中にあり悲しいと思った。

韓国には17カ所のカジノがあるが、16カ所が外国人観光客専用で、「江原ランド」だけが、唯一国内向けカジノ特区として設置された。背景には、政府の石炭産業合理化政策によって閉山に追い込まれた地域の衰退があり、政府が「廃鉱地域開発支援に関する特別法」を制定して、地域経済の立て直しを図ろうとしたことがある。

2000年10月に華々しくオープンした「江原ランド」の売り上げは、2007年には665億円に達し、他の外国人専用カジノ16施設を合わせた売り上げを超え、韓国カジノ市場全体の6割に達している。

一日8千人から1万人が訪れる「江原ランド」だが、一方で深刻な問題を抱え込んでいる。光あれば影ありというように、ギャンブル依存症問題が大きく浮上したのだ。そのため、2001年には、同じ施設内に「韓国賭博中毒センター」が設置された。カジノ入場者には1カ月15日以内という入場制限日数が設けられ、これを超えた人は中毒センターで相談を受けなければならない。韓国では今、ギャンブル依存症の問題が深刻

「西洋人よりも東洋人のほうが中毒になりやすい」と語る、江原ランド常務取締役のチェ・ドンニョル氏。

カジノの周囲には質屋の看板が建ち並ぶ。
カジノ中毒者は、乗ってきた車を売り払ってまでカジノにのめり込む。

化しており、西洋人の場合の2〜3％に対し、韓国人は8％とギャンブル依存率が高いのが特徴だという。またアルコールや薬物中毒患者と異なり、ギャンブル依存症の場合は自覚症状がないため、財産をすっかり使い果たしたあと、自殺してしまう人が多いという。

江原ランドの常務取締役で、賭博中毒センターの責任者を兼ねるチェ・ドンニョル氏は、沖縄への提言として、「もし、沖縄でカジノをやるなら、アジア中のギャンブラーや犯罪組織が集まって来ることを覚悟しなければいけない。パチンコと違ってカジノは高額賭博だから大きな問題が生じるだろうし、沖縄は東南アジアにも近いので、慎重に考えないと大変な事態になるだろう」と話してくれた。

住民には届かないカジノの利益

質屋の看板が大通りを占拠している異様な光景が広がっていた。

自国民に開かれた韓国唯一のカジノの町、江原

には、独特な退廃感が重く漂い、けばけばしい質屋の看板に圧倒されたように妙な静けさが町を包んでいた。この町の質屋では、カジノ客が乗ってきた車も主な取引物となっているという。

カジノを誘致した住民団体に話を聞いた。

財団法人「3・3記念事業会」は、「江原ランド」入り口隣に設置された地元住民の会だ。江原では、政府の政策によって炭鉱が閉山された後、地域経済の立て直し策として、政府から「核廃棄物処理場」「産業廃棄物処理場」が提案されたが拒否、最後に提案されたのが「カジノ」だったという。開設の条件は、地元住民を最優先に雇用することで、スキー・ゴルフ場などを含めた江原ランド全体で4千人の従業員のうち、地元雇用は半分の2千人に上るという。しかし今、地元住民の間からは、後悔と落胆の声が多くなっている。全国からやって来るカジノ客の中には、全財産をなくした自殺者が施設内だけでも毎年5～10人おり、乗ってきた車までも質に入れてギャンブルにのめり込んだあげく、ホームレスになる人々が2～3千人もいて、治安が悪くなったという。このため、他の町へ引っ越す人が増え、人口は半分に減ってしまった。

嘆きの声はさらに深刻になっていく。中心街の隣に広がる古い集落では、お年寄りばかりが身を寄せ合って暮らしていた。「家族は？」と聞くと、「炭鉱夫あがりの自分たちにカジノの仕事は続かない。息子たちは家族を連れて町を出て行った。本当は家族一緒にいたいけど、私たち年寄りがついて行くと足手といになって生活できなくなるからここに残るしかなかった。今は生きているのが辛い」と痛切な胸の内を話してくれた。

町のカンフル剤として迎え入れたカジノだったが、華やかな施設から生み出される莫大な利益は住民の暮らしに届かず、暗く大きな影が町を覆っているようだった。

賭博と売春の街、マカオの現実

「ギャンブルと女」のお買い得パック

マカオのカジノ産業全体の売り上げは2006年、69億米ドルに達し、ラスベガスを抜いて世界トップに躍り出た。派手な数字に目を奪われてしまいがちだが、カジノの存在は地元住民の暮らしにどんな影響があるのだろう。「沖縄カジノ問題を考える女たちの会」のメンバー4人でマカオを訪れ、「生活者の視点」を基本に、地元の人たちから直接本音を聞いた。

マカオ―香港間は、高速フェリーがひっきりなしに往復している。香港側のフェリーターミナルで、私たちはいきなりショックを受けた。マカオ行きの切符を販売する旅行社の前には、風俗系のポスターが壁一面に貼られている。肌を露出した若い女性の写真とともに書かれているのは、「フェリー往復切符・ホテル・食事・女性」込みのパックツアー料金だ。値段はピンキリだが、おおむね1000香港ドル程度（日本円で1万5千円）が相場のようだった。フェリーの正規往復チケット代は300香港ドルくらいだし、もちろんカジノはどのホテルにもあるから、「ギャンブルと女」のお買い得パックである。旅行社の中を覗くと安いパックを目当てに男性客が次々と訪れ、ツアーを申し込んでいた。

「マカオが近くなったのは海の色を見れば分かりますよ」と私たちを案内してくれた日本人ガイドのK氏が指摘したとおり、土砂の混じった茶色の海に変わってしばらくするとマカオ到着。1時間弱だ。マカオはターミナルで出入国管理手続きを済ませてからマカオ市内に向かう。

マカオは1999年、ポルトガルから中国に返還された後、それまでカジノ産業を独占していたスタンレー・ホー氏の企業に加えて、2002年に新たにカジノライセンスの国際入札を行い、ラスベガス資本の「ウィン・リゾート」と「サンズ・グループ」の二社が参入している。マカオは中国だが、一国二制度のため、

香港からマカオに向かうフェリー乗り場には、ホテルとカジノと女性がセットの
ツアーポスターが張り巡らされている。

現在27カ所のカジノが運営されていて、さらに次々と新しい施設が建設中だ。

まず、私たちは、元ディーラー（ゲームの進行係）の女性に会って話を聞くことができた。「裏組織に目をつけられると怖いから、公に名前を出さないで欲しい」と要望されたので、彼女をNさんと呼ぶことにする。

マカオには産業がなく、他に働ける場所がないため、高校を卒業してすぐにカジノのディーラーになる人が多い。Nさんも18歳でディーラーになり、30年間カジノで働き続けた。その結果、体を壊し失明寸前になったという。医者によると、原因はカジノの職場環境にあるそうだ。

煙草の煙がたちこめる閉ざされた場所でゲームを操り、目をぎらつかせた客の前でカード一枚一枚に神経を研ぎ澄ます。昼夜を問わず24時間のシフト勤務が組まれ、睡眠時間も一定しないことから、不眠症にかかるなど、体を壊す従業員が多いそうだ。Nさんは2年前にカジノを辞めて目を手術し、現在は健康を取り戻しつつあるというもの

71　第4章　韓国・マカオ、カジノの街から見えること

の、不眠症は今も回復せず、睡眠薬を使っているという。
「マカオはごみ箱よ」と自嘲気味につぶやきながら、彼女はディーラーとして見てきたカジノの実態を話してくれた。

地域を丸ごと飲み込むカジノ

Nさんは、最近のカジノ建設ラッシュに危機感を募らせていた。ディーラーは、自分の職場でギャンブルをすることは禁止されているが、休みの日に別のカジノに出向いてギャンブルをするケースが増えているという。カジノで毎日高額のチップを扱っているうちに金銭感覚が麻痺し、いつのまにか、自分もギャンブルにのめり込んでいくそうだ。地元の人たちにとっては、以前は特別な存在だったカジノが次々と建設され、施設も豪華になっていくことから興味が高まり、カジノに足を運ぶ人が増えている。それに比例して、ギャンブル依存症や借金に追われる人たちの増加が見られるという。

「カジノでいいところはお金だけよ。あとは全部ダメ！」とNさんは吐き捨てるようにいい、売春とカジノを仕切っている裏組織の存在が大きな影を落としていると指摘した。実際、カジノの周辺では、十代と見られる少女たちが大勢たむろし、露出度の高いファッションで男たちに声をかける。客が見つかるまで同じ場所をグルグル歩きまわることから、競馬用語にかけて「パドック」とも呼ばれている。モデルのようなスラリとした体型の可愛らしい顔をした少女が、昼夜を問わず客引きで歩かされている背景には、中国本土から続々と送り込まれてくる女性たちや、裏組織の過酷な監視体制があるという。セットの商品として使い捨てにされているそうだ。

マカオの市場は、那覇のマチグァー（市場＝沖縄方言）とよく似ている。今度は地元で商売をしている人びとにカジノをどう思っているのか聞いてみた。

ビルの地下通路は、派手な身なりの女性が行き交う。パドックと呼ばれ、客引きの娼婦たちは相手が見つかるまで何度も往復する。

　果物屋を営む男性は、手伝いに来ていた末の娘を見ながら「親の立場からいうとモチロン反対だよ」と話し始めた。カジノが急増し、ディーラーのニーズが高くなっているため、子どもたちが勉強しなくなったという。マカオ市民なら無料で受講できる「ディーラー養成学校」があるので、高校を卒業するとすぐに、手っ取り早く稼げるディーラーになる。「ウチの上の子ども二人もディーラーになったけどね。若い者が大学にも行かず勉強する意欲が失せたことは、地域の将来を考えるといずれ困ることになるよ」と嘆いていた。失業率が下がり収入は上がったが、その分物価も上がっているそうだ。
　屋台で翡翠のアクセサリーを売っているおばあさんは最近のマカオを歓迎していた。「税収が増えたから年寄りの年金も上がったよ。ウチは亭主と二人で年間４万香港ドル（60万円）貰えるようになって喜んでい

73　第４章　韓国・マカオ、カジノの街から見えること

新たなカジノホテルが、何件も建設されつづける。

るよ」と話す。その一方で、商売はさっぱりダメだという。「(マカオが中国に)返還されて中国に簡単に行くことができるから、みんな買い物は本土でするようになってね。物価も上がったよ。前は10万ドルで買えたマンションが、今は100万ドル以上になっているからね」と顔をしかめた。商店街でも家賃高騰のため、昔から商売をしてきた小さな店が家賃を払えず、次々と閉鎖に追い込まれているという。

地元へのしわ寄せは家賃高騰だけではない。ディーラーをはじめ、カジノ関連施設の雇用が急増したため、人材がすべて吸収されて、地元の商店街で働く若者がいなくなったという。カジノ産業は、ブラックホールのように地域を呑み込んでいくようだ。

K氏も、カジノの集客力の凄さを認めたうえで、マカオ社会の不健全さを指摘する。マカオでは、2005年、ポルトガル植民地時代に建てられた歴史的建造物や広場などが世界文化遺産に登録された。日本とも歴史的な関係が深いことから、日

本からの修学旅行を誘致したいとK氏は思っているが、「ギャンブルと女」が蔓延する現状ではムリだと諦めている。K氏には大学生の娘がいて、そろそろ就職活動を始める時期だが「カジノでは働きたくないといっているので安心しています」と本音を話してくれた。

沖縄にカジノはいらない

眠らない街マカオの夜空は、点滅するネオンの洪水で赤く染まっていた。凄まじい電力消費量が伺えるが、これは中国本土から送られている。水道も同じで、生活に必要なすべての物が外から送り込まれ、マカオは消費するだけの街だ。

マカオは今も拡大を続けている。離島のタイパ島とコロアン島の間5・2平方キロメートルを埋め立て「コタイ地区」を作った。ここには新たなレジャーセンターが計画され、すでに3千室を擁するホテルを含む世界最大級の「ベネチアン・マカオ・リゾート」がオープンしているほか、今後10年間で60以上の施設建設が予定されている。

しかし、海外大手資本の傘下に入ることが地域の自立といえるだろうか？　沖縄でも本土資本や外国資本がホテルを買占め、経済界はそれを歓迎している。いくら税収が入るとはいえ、大方の利益は海外や本土の本社へ吸い上げられていくし、地域への利益歩留まりを考えると疑問が残る。

私は中米コスタリカの熱帯雨林の観光地として人気があるモンテベルデで感動したことがある。そこは首都サン・ホセから小型バスで4時間かかり道路も整備されていない。そのため、政府がハイウェーを整備しようと申し出たが、地元側は断った。地元の人たちがいう。

「大きな道を造れば大型バスが走り、大手資本が入って大きなホテルを造るだろう。私たちは地元の人たちだけで小さなホテルや民宿を運営し、地元で対応できるだけの客を受け入れ生計を立てている。だが

カジノさえなければごく普通の沖縄の町並みに似ている。しかし、治安の悪化と経済格差に住民たちの悩みは大きい。

ら観光資源となる森もしっかり守られているし、持続可能な観光地を維持している。外に利益を吸い上げられる道はいらない」

モンテベルデの地域哲学はジンワリと胸に響く。足元の宝を活かすのは自分次第、大手資本に頼りがちな沖縄への警告のようだ。寄らば大樹の陰というのは日陰に生き続けることになるのだから。

沖縄経済活性化の光を求めてカジノ計画が提案されているが、光が大きいほど暗く深い影ができる。アメリカや中国など、大きな国で成功したからといって、沖縄に適しているとは限らない。今でさえ米軍基地の巨大な影に悩む沖縄に、新たな影を落とすことはしたくない。

「大きいことはよいことだ」という時代は終わった。これからはジンブン（知恵＝沖縄方言）をめぐらせ、島の許容量に合わせて地域への歩留まりの高い方法を考えるのが課題になる。

足元の宝をじっくり見つめ、カジノや基地建設に頼らない知恵を出し合っていかなければならない。

付録

特定複合観光施設区域の整備の推進に関する法律案要綱

第一　目的
　この法律は、特定複合観光施設区域の整備の推進が、観光及び地域経済の振興に寄与するとともに、財政の改善に資するものであることに鑑み、特定複合観光施設区域の整備の推進に関する基本理念及び基本方針その他の基本となる事項を定めるとともに、特定複合観光施設区域整備推進本部を設置することにより、これを総合的かつ集中的に行うことを目的とすること。

第二　定義
一　この法律において「特定複合観光施設」とは、カジノ施設（別に法律で定めるところにより第七のカジノ管理委員会の許可を受けた民間事業者により特定複合観光施設区域において設置され、及び運営されるものに限る。以下同じ。）及び会議場施設、レクリエーション施設、展示施設、宿泊施設その他の観光の振興に寄与すると認められる施設が一体となっている施設であって、民間事業者が設置及び運営をするものをいうこと。

二　この法律において「特定複合観光施設区域」とは、特定複合観光施設を設置することができる区域として、別に法律で定めるところにより地方公共団体の申請に基づき主務大臣の認定を受けた区域をいうこと。

第三　基本理念
　特定複合観光施設区域の整備の推進は、地域の創意工夫及び民間の活力を生かした国際競争力の高い魅力ある滞在型観光を実現し、地域経済の振興に寄与するとともに、適切な国の監視及び管理の下で運営される健全なカジノ施設の収益が社会に還元されることを基本として行われるものとすること。

第四　国の責務
　国は、第三の基本理念にのっとり、特定複合観光施設区域の整備を推進する責務を有すること。

第五　法制上の措置等
　政府は、第六から第八までに基づき、特定複合観光施設区域の整備の推進を行うものとし、このために必要な措置を講ずるものとすること。この場合において、必要となる法制上の措置については、この法律の施行後一年以内を目途として講じなければならないこと。

第六 特定複合観光施設区域の整備の推進に関する基本方針

一 国際競争力の高い魅力ある観光地の形成等

政府は、特定複合観光施設区域が地域の特性を生かしつつ真に国際競争力の高い魅力ある観光地の形成の中核としての機能を備えたものとなるよう、必要な措置を講ずるものとすること。

二 観光産業等の国際競争力の強化及び地域経済の振興

政府は、特定複合観光施設区域の整備により我が国の観光産業等の国際競争力の強化及び就業機会の増大その他の地域における経済の活性化が図られるよう、民間の資金、経営能力及び技術的能力の活用その他の必要な措置を講ずるものとすること。

三 地方公共団体の構想の尊重

政府は、地方公共団体による特定複合観光施設区域の整備（特定複合観光施設の設置及び運営をする事業者の選定を含む。）に係る構想のうち優れたものについて、特定複合観光施設区域の整備の推進に反映するため、必要な施設の設置及び運営をする者としての地域の特性を生かしつつ真に国際競争力の高い魅力ある観光地の形成の中核としての機能を備えたものとなるよう、必要な措置を講ずるものとすること。

四 カジノ施設関係者に対する規制

カジノ施設の設置及び運営をする者（当該カジノ施設の設置及び運営に係る事業に従事しようとする者を含む。）、カジノ関連機器の製造、輸入又は販売をしようとする者並びにカジノ施設において入場者に対する役務の提供を行おうとする者（以下「カジノ施設関係者」という。）は、別に法律で定めるところにより、第七のカジノ管理委員会の行う規制に従わなければならないこと。

五 カジノ施設の設置及び運営に関する規制

政府は、カジノ施設の設置及び運営に関し、カジノ施設の設置及び運営に伴う有害な影響の排除を適切に行う観点から、次に掲げる事項について必要な措置を講ずるものとすること。

1 カジノ施設において行われるゲームの公正性の確保のために必要な基準の作成に関する事項

2 カジノ施設において用いられるチップその他の金銭の代替物の適正な利用に関する事項

3 カジノ施設関係者及びカジノ施設の入場者から暴力団員その他カジノ施設の設置及び運営に対する関与が不適当な者を排除するために必要な規制に関する事項

4 犯罪の発生の予防及び通報のためのカジノ施設の設置及び運営をする者による監視及び防犯に係る設備、組織その他の体制の整備に関する事項

5 風俗環境の保持等のために必要な規制に関する事項

6 広告及び宣伝の規制に関する事項

7 青少年の保護のため必要な知識の普及その他の青少年の健全育成のために必要な措置に関する事項

8 カジノ施設に入場した者がカジノ施設を利用したことに伴い悪影響を受けることを防止するための必要な措置に関する事項

第七 カジノ管理委員会の基本的な性格及び任務

カジノ管理委員会は、内閣府に外局として置かれるものとし、カジノ施設の設置及び運営に関する秩序の維持及

び安全の確保を図るため、カジノ施設関係者に対する規制を行うものとすること。

第八　納付金等
一　納付金
国及び地方公共団体は、別に法律又は条例で定めるところにより、カジノ施設の設置及び運営をする者から納付金を徴収することができるものとすること。

二　入場料
国及び地方公共団体は、別に法律又は条例で定めるところにより、カジノ施設の入場者から入場料を徴収することができるものとすること。

第九　特定複合観光施設区域整備推進本部
一　設置
特定複合観光施設区域の整備の推進を総合的かつ集中的に行うため、内閣に、特定複合観光施設区域整備推進本部（以下「本部」という。）を置くこと。

二　所掌事務
本部は、次に掲げる事務をつかさどること。
　1　特定複合観光施設区域の整備の推進に関する総合調整に関すること。
　2　特定複合観光施設区域の整備の推進を総合的かつ集中的に行うために必要な法律案及び政令案の立案に関すること。
　3　特定複合観光施設区域の整備の推進に関する関係機関及び関係団体との連絡調整に関すること。

三　組織
本部は、特定複合観光施設区域整備推進本部長、特定複合観光施設区域整備推進副本部長及び特定複合観光施設区域整備推進本部員をもって組織すること。

四　特定複合観光施設区域整備推進本部長
　1　本部の長は、特定複合観光施設区域整備推進本部長（以下「本部長」という。）とし、内閣総理大臣をもって充てること。
　2　本部長は、本部の事務を総括し、所部の職員を指揮監督すること。

五　特定複合観光施設区域整備推進副本部長
　1　本部に、特定複合観光施設区域整備推進副本部長（以下「副本部長」という。）を置き、国務大臣をもって充てること。
　2　副本部長は、本部長の職務を助けること。

六　特定複合観光施設区域整備推進本部員
　1　本部に、特定複合観光施設区域整備推進本部員（以下「本部員」という。）を置くこと。
　2　本部員は、本部長及び副本部長以外の全ての国務大臣をもって充てること。

七　資料の提出その他の協力
　1　本部は、その所掌事務を遂行するため必要があると認めるときは、関係行政機関、地方公共団体、独立行政法人及び地方独立行政法人の長並びに特殊法人の代表者に対して、資料の提出、意見の開陳、説明その他の必要な協力を求めることができること。

第一八三回　衆第二九号

特定複合観光施設区域の整備の推進に関する法律案

2　本部は、その所掌事務を遂行するため特に必要があると認めるときは、1の者以外の者に対しても、必要な協力を依頼することができること。

八　事務局
1　本部に、事務局を置くこと。
2　事務局に、事務局長のほか、所要の職員を置くこと。
3　事務局長は、本部長の命を受けて、局務を掌理すること。

九　政令への委任
この法律に定めるもののほか、本部に関し必要な事項は、政令で定めること。

第十　施行期日
この法律は、公布の日から施行すること。ただし、第九の規定は、公布の日から起算して三月を超えない範囲内において政令で定める日から施行すること。

目次
　第一章　総則（第一条－第五条）
　第二章　特定複合観光施設区域の整備に関し基本となる事項
　　第一節　特定複合観光施設区域の整備の推進に関する基本方針（第六条－第十条）
　　第二節　カジノ管理委員会の基本的な性格及び任務（第十一条）
　　第三節　納付金等（第十二条・第十三条）
　第三章　特定複合観光施設区域整備推進本部（第十四条－第二十二条）
　附則

第一章　総則
（目的）
第一条　この法律は、特定複合観光施設区域の整備の推進が、観光及び地域経済の振興に寄与するとともに、財政の改善に資するものであることに鑑み、特定複合観光施設区域の整備の推進に関する基本理念及び基本方針その他の基本となる事項を定めるとともに、特定複合観光施設区域整備推進本部を設置することにより、これを総合的かつ集中的に行うことを目的とする。

（定義）
第二条　この法律において「特定複合観光施設」とは、カジノ施設（別に法律で定めるところにより、カジノ管理委員会の許可を受けた民間事業者により特定複合観光施設区域において設置され、及び運営されるものに限る。以下同じ。）及び会議場施設、レクリエーション施設、展示施設、宿泊施設その他の観光の振興に寄与すると認められる施設が一体となっている施設であって、民間事業者が設置及び運営をするものをいう。
2　この法律において「特定複合観光施設区域」とは、特定複合観光施設を設置することができる区域として、別に法律で定めるところにより地方公共団体の申請に基づき主務大臣の認定

を受けた区域をいう。

（基本理念）
第三条　特定複合観光施設区域の整備の推進は、地域の創意工夫及び民間の活力を生かした国際競争力の高い魅力ある滞在型観光を実現し、地域経済の振興に寄与するとともに、適切な国の監視及び管理の下で運営される健全なカジノ施設の収益が社会に還元されることを基本として行われるものとする。

（国の責務）
第四条　国は、前条の基本理念にのっとり、特定複合観光施設区域の整備を推進する責務を有する。

（法制上の措置等）
第五条　政府は、次条の規定に基づき、特定複合観光施設区域の整備の推進を行うものとし、このために必要な措置を講ずるものとする。この場合において、必要となる法制上の措置については、この法律の施行後一年以内を目途として講じなければならない。

第二章　特定複合観光施設区域の整備の推進に関し基本となる事項

第一節　特定複合観光施設区域の整備の推進に関する基本方針

第二節　特定複合観光施設区域の整備の推進に関する基本となる事項
複合観光施設の設置及び運営をする事業者の選定を含む。）に係る構想のうち優れたものについて、特定複合観光施設区域の整備の推進に反映するため、必要な措置を講ずるものとする。

（国際競争力の高い魅力ある観光地の形成等）
第六条　政府は、特定複合観光施設区域が地域の特性を生かしつつ真に国際競争力の高い魅力ある観光地の形成の中核としての機能を備えたものとなるよう、必要な措置を講ずるものとする。

（観光産業等の国際競争力の強化及び地域経済の振興）
第七条　政府は、特定複合観光施設区域の整備により我が国の観光産業等の国際競争力の強化及び就業機会の増大その他の地域における経済の活性化が図られるよう、民間の資金、経営能力及び技術的能力の活用その他の必要な措置を講ずるものとする。

（地方公共団体の構想の尊重）
第八条　政府は、地方公共団体による特定複合観光施設区域の整備

（カジノ施設の設置及び運営に関する規制）
第九条　カジノ施設の設置及び運営をしようとする者（当該カジノ施設の設置及び運営に係る事業に従事しようとする者、カジノ施設に係る機器の製造、輸入又は販売をしようとする者並びにカジノ施設において入場者に対する役務の提供を行おうとする者（以下「カジノ施設関係者」という。）は、第十一条のカジノ管理委員会の行う規制に従わなければならない。

（カジノ施設関係者に対する規制）
第十条　政府は、カジノ施設の設置及び運営に関し、カジノ施設の設置及び運営に関し、カジノ施設における不正行為の防止並びにカジノ施設の設置及び運営に伴う有害な影響の排除を適切に行う観点から、次に掲げる事項について必要な措置を講ずるものとす

る。

一 カジノ施設において行われるゲームの公正性の確保のために必要な基準の作成に関する事項

二 カジノ施設において用いられるチップその他の金銭の代替物の適正な利用に関する事項

三 カジノ施設関係者及びカジノ施設の入場者から暴力団員その他カジノ施設に対する関与が不適当な者を排除するために必要な規制に関する事項

四 犯罪の発生の予防及び通報のためのカジノ施設の設置及び運営をする者による監視及び防犯に係る設備、組織その他の体制の整備に関する事項

五 風俗環境の保持等のために必要な規制に関する事項

六 広告及び宣伝の規制に関する事項

七 青少年の保護のため必要な知識の普及その他の青少年の健全育成のために必要な措置に関する事項

八 カジノ施設に入場した者がカジノ施設を利用したことに伴い悪影響を受けることを防止するための必要な措置に関する事項

第二節 カジノ管理委員会の基本的な性格及び任務

第十一条 カジノ管理委員会は、内閣府に外局として置かれるものとし、カジノ施設の設置及び運営に関する秩序の維持及び安全の確保を図るため、カジノ施設関係者に対する規制を行うものとする。

第三節 納付金等

（納付金）

第十二条 国及び地方公共団体は、別に法律又は条例で定めるところにより、カジノ施設の設置及び運営をする者から納付金を徴収することができるものとする。

（入場料）

第十三条 国及び地方公共団体は、別に法律又は条例で定めるところにより、カジノ施設の入場者から入場料を徴収することができるものとする。

第三章 特定複合観光施設区域整備推進本部

（設置）

第十四条 特定複合観光施設区域の整備の推進を総合的かつ集中的に行うため、内閣に、特定複合観光施設区域整備推進本部（以下「本部」という。）を置く。

（所掌事務）

第十五条 本部は、次に掲げる事務をつかさどる。

一 特定複合観光施設区域の整備の推進に関する総合調整に関すること。

二 特定複合観光施設区域の整備の推進を総合的かつ集中的に行うために必要な法律案及び政令案の立案に関すること。

三 特定複合観光施設区域の整備の推進に関する関係機関及び関係団体との連絡調整に関すること。

（組織）

第十六条 本部は、特定複合観光施設区域整備推進本部長、特定複合観光施設区域整備推進副本部長及び特定複合観光施設区域整備推進本部員をもって組織する。

（特定複合観光施設区域整備推進本部長）

第十七条　本部の長は、特定複合観光施設区域整備推進本部長（以下「本部長」という。）とし、内閣総理大臣をもって充てる。

2　本部長は、本部の事務を総括し、所部の職員を指揮監督する。

（特定複合観光施設区域整備副本部長）

第十八条　本部に、特定複合観光施設区域整備推進副本部長（以下「副本部長」という。）を置き、国務大臣をもって充てる。

2　副本部長は、本部長の職務を助ける。

（特定複合観光施設区域整備推進本部員）

第十九条　本部に、特定複合観光施設区域整備推進本部員（以下「本部員」という。）を置く。

2　本部員は、本部長及び副本部長以外の全ての国務大臣をもって充てる。

（資料の提出その他の協力）

第二十条　本部は、その所掌事務を遂行するため必要があると認めるときは、関係行政機関、地方公共団体、独立行政法人（独立行政法人通則法（平成十一年法律第百三号）第二条第一項に規定する独立行政法人をいう。）及び地方独立行政法人（地方独立行政法人法（平成十五年法律第百十八号）第二条第一項に規定する地方独立行政法人をいう。）の長並びに特殊法人（法律により直接に設立された法人又は特別の法律により特別の設立行為をもって設立された法人であって、総務省設置法（平成十一年法律第九十一号）第四条第十五号の規定の適用を受けるものをいう。）の代表者に対して、資料の提出、意見の開陳、説明その他の必要な協力を求めることができる。

2　本部は、その所掌事務を遂行するため特に必要があると認めるときは、前項に規定する者以外の者に対しても、必要な協力を依頼することができる。

（事務局）

第二十一条　本部の事務を処理させるため、本部に、事務局を置く。

2　事務局に、事務局長のほか、所要の職員を置く。

3　事務局長は、本部長の命を受け、局務を掌理する。

（政令への委任）

第二十二条　この法律に定めるもののほか、本部に関し必要な事項は、政令で定める。

附則

この法律は、公布の日から施行する。ただし、第三章の規定は、公布の日から起算して三月を超えない範囲内において政令で定める日から施行する。

◆カジノ反対の立場で運動する各地の主な団体

沖縄カジノ問題を考える 女たちの会
共同代表 糸数慶子（参議院議員）ほか

カジノ問題を考える大阪ネットワーク
構成団体／カジノ「誘致」を考える会・大阪教育文化センター全国会議・大阪いちょうの会・依存症問題対策全国会議
連絡先／06-6361-0546（大阪いちょうの会）

カジノ誘致に反対する小樽市民の会
呼びかけ人代表／高橋明子・平山英子・結城洋一郎（小樽商大名誉教授）・渡邊眞一郎
連絡先／090-9439-4729（山中茂）

カジノの弊害を考える会 in 熱海
代表／山田芳和
ホームページ http://www.k5.dion.ne.jp/~nokazino/
Eメール harusan@k5.dion.ne.jp

◆借金問題についての相談

全国クレジット・サラ金被害者連絡協議会
連絡先／〒103-0023 東京都中央区日本橋本町4-8-17 KN日本橋ビル1005号 あきやま司法書士事務所内
電話 03-3527-9357
FAX 03-3527-9359
ホームページ http://www.cre-sara.gr.jp/kamei.html

＊連協事務所ではまぎらわしい名称を使用する悪徳団体・業者等が多数あるので、「被連協事務所」の紹介かホームページ掲載の相談窓口を利用のこと
＊連協事務所では直接被害相談の受付はしていない。最寄りの加盟団体の相談窓口を紹介してもらえる

◆カジノ誘致計画のある自治体

① 北海道　道庁がカジノによる「経済・社会影響調査」。釧路市、小樽市が誘致表明。

② 秋田県　NPO法人「イーストベガス推進協議会」が秋田空港のある雄和町への誘致運動。

③ 東京都　石原慎太郎前知事の「お台場カジノ」発言以来、東京湾臨海部へのカジノ構想。

④ 千葉県　県が成田空港周辺でのカジノ構想。千葉市は幕張カジノ計画。

⑤ 神奈川県　知事が横浜市、川崎市を想定してカジノ構想。

⑥ 静岡県　県が独自のカジノ法（試案）。熱海市に誘致協議会。

⑦ 愛知県　常滑市商工会議所が臨空都市カジノ協議会。

⑧ 石川県　珠洲市に「珠洲にラスベガスを創る研究会」。加賀市に加賀温泉カジノ特区構想。

⑨ 三重県　鳥羽市が中部国際空港と海上タクシーで結ぶ離島カジノ構想。

⑩ 滋賀県　滋賀工業会、大津商工会議所などが「びわ湖にカ

ジノを浮かべる会」。

⑪ 大阪府　「大阪都」構想の中核に大阪湾ベイエリア地区カジノ計画。

⑫ 和歌山県　和歌山地域経済研究機構がカジノの経済効果試算。

⑬ 徳島県　徳島市、鳴門市にカジノ誘致構想。

⑭ 香川県　香川経済同友会が「瀬戸内海カジノ」構想。

⑮ 福岡県　北九州市がゲーミング調査研究会。

⑯ 大分県　別府商工会議所が知事、別府市長などにカジノを要請。

⑰ 長崎県　県、佐世保市も加わる「西九州統合型リゾート研究会」が佐世保市のハウステンボス周辺地域のカジノ構想。

⑱ 宮崎県　倒産した大規模リゾート施設「シーガイア」にパチンコ機器大手セガサミーがカジノ構想。県議会で自民、公明、民主などがカジノ誘致議員連盟。

⑲ 沖縄県　県が「沖縄統合リゾートモデル」。

（「しんぶん赤旗」2013年10月6日付）

◆ カジノ法案審議委員会委員名簿

● 衆議院

〒100-8981
東京都千代田区永田町2-2-1　衆議院第一議員会館
〒100-8982
東京都千代田区永田町1-7-1　衆議院第二議員会館

役職	氏名	会派	事務室番号
委員長	柴山　昌彦	自民	（第二議員会館822号室）
理事	関　芳弘	自民	（第一議員会館603号室）
理事	平　将明	自民	（第一議員会館914号室）
理事	橘　慶一郎	自民	（第一議員会館622号室）
理事	西川　公也	自民	（第一議員会館1120号室）
理事	平井　たくや	自民	（第一議員会館1024号室）
理事	近藤　洋介	民主	（第一議員会館819号室）
理事	高木　美智代	公明	（第二議員会館503号室）
委員	松田　学	次世代	（第二議員会館815号室）
委員	青山　周平	自民	（第二議員会館919号室）
委員	秋葉　賢也	自民	（第一議員会館823号室）
委員	大岡　敏孝	自民	（第一議員会館619号室）
委員	鬼木　誠	自民	（第一議員会館715号室）
委員	勝俣　孝明	自民	（第一議員会館920号室）
委員	川田　隆	自民	（第一議員会館321号室）
委員	小松　裕	自民	（第二議員会館1004号室）

● 参議院
〒100-8962 東京都千代田区永田町2-1-1 参議院議員会館

役職	氏名	会派	事務室番号
委員長	水岡 俊一	民主	1118号室
理事	上月 良祐	自民	704号室
理事	松下 新平	自民	824号室
理事	芝 博一	民主	317号室
委員	山下 芳生	共産	1123号室
委員	岡田 広	自民	414号室
委員	鴻池 祥肇	自民	1001号室
委員	佐藤 ゆかり	自民	309号室
委員	山東 昭子	自民	310号室
委員	山崎 力	自民	504号室
委員	山谷 えり子	自民	1107号室
委員	福岡 資麿	自民	919号室
委員	大野 元裕	民主	618号室
委員	神本 美恵子	民主	1119号室
委員	蓮舫	民主	411号室
委員	秋野 公造	公明	711号室
委員	江口 克彦	みんな	1002号室
委員	浜田 和幸	改革	719号室
委員	山本 太郎	無所属	302号室
委員	新谷 正義	自民（第二議員会館805号室）
委員	田所 嘉徳	自民（第一議員会館716号室）
委員	田中 英之	自民（第二議員会館604号室）
委員	高木 宏壽	自民（第二議員会館405号室）
委員	豊田 真由子	自民（第一議員会館724号室）
委員	中谷 真一	自民（第二議員会館215号室）
委員	中山 展宏	自民（第一議員会館311号室）
委員	長島 忠美	自民（第一議員会館914号室）
委員	福山 守	自民（第一議員会館910号室）
委員	山田 美樹	自民（第一議員会館917号室）
委員	吉川 赳	自民（第二議員会館917号室）
委員	大島 敦	民主（第一議員会館420号室）
委員	後藤 祐一	民主（第一議員会館814号室）
委員	津村 啓介	民主（第二議員会館1108号室）
委員	若井 康彦	民主（第一議員会館415号室）
委員	遠藤 敬	維新（第一議員会館907号室）
委員	杉田 水脈	次世代（第一議員会館907号室）
委員	丸山 穂高	維新（第一議員会館910号室）
委員	山之内 毅	維新（第二議員会館306号室）
委員	輿水 恵一	公明（第二議員会館924号室）
委員	濱地 雅一	公明（第一議員会館803号室）
委員	大熊 利昭	みんな（第二議員会館601号室）
委員	赤嶺 政賢	共産（第一議員会館1107号室）
委員	村上 史好	生活（第二議員会館907号室）

[編者紹介]

全国カジノ賭博場設置反対連絡協議会

2014年4月12日設立。
代表　新里宏二（弁護士）
事務局長　吉田哲也（弁護士）
〈連絡先〉
弁護士法人青空　尼崎あおぞら法律事務所
〒660-0892　兵庫県尼崎市東難波町5-17-23　第一住建尼崎ビル8階
☎ 06-4868-8751　FAX 06-4868-8752

[著者紹介]

吉田哲也（よしだ・てつなり）●第1章

1971年佐賀市出身、京都大学法学部卒業、2000年弁護士登録（兵庫県弁護士会）。現在、日弁連消費者問題対策委員会委員、依存症問題対策全国会議事務局長、全国カジノ賭博場設置反対連絡協議会事務局長。

鳥畑与一（とりはた・よいち）●第2章

1958年生まれ。静岡大学人文社会科学部経済学科教授。大阪市立大学経営学研究科後期博士課程修了。専門は国際金融論。主著は、『略奪的金融の暴走：金融版新自由主義のもたらしたもの』（学習の友社、2009年）。「グローバル資本主義下のファンド」（野中郁江他編著『ファンド規制と労働組合』序章、2013年）、「新自由主義の高金利正当化論を切る─経済学から見る消費者金融高金利問題」（『金融労働調査時報』2006年5月）他多数。

吉田精次（よしだ・せいじ）●第3章

1981年、徳島大学医学部卒。2001年からアルコール・薬物依存症治療を開始し、刑務所における薬物離脱教育を6年間担当。2007年からギャンブル依存症の治療を開始。現在は依存症全般を専門として治療にあたっている。治療に抵抗あるいは拒否的な患者に対して家族がどう考えどう対応したらいいのかについてスキルを伝授するCRAFTプログラムの普及にも取り組んでいる。

寺田麗子（てらだ・れいこ）●第4章

1949年沖縄那覇市生まれ。1973年〜2003年沖縄テレビ報道局にてニュースキャスター・記者・ディレクターを兼任しながら取材活動を展開。1981年から取り組んだ「河川・環境シリーズ」で日本民間放送連盟テレビ活動部門最高賞受賞。環境関連の番組を中心に多数制作。退職後はNPO沖縄玉水ネットワーク代表、沖縄カジノ問題を考える女たちの会共同代表など市民活動をバックアップする活動に取り組む。著書に『川は訴える』（ボーダーインク、1995年）など。

徹底批判!! カジノ賭博合法化
国民を食い物にする「カジノビジネス」の正体

2014 年 8 月 15 日　第 1 刷発行

編　者	全国カジノ賭博場設置反対連絡協議会
著　者	吉田哲也＋鳥畑与一＋吉田精次＋寺田麗子
発行者	上野良治
発行所	合同出版株式会社
	東京都千代田区神田神保町 1-44
	郵便番号　101-0051
	電話 03 (3294) 3506 ／ FAX 03 (3294) 3509
	振替 00180-9-65422
	ホームページ http://www.godo-shuppan.co.jp/
印刷・製本	新灯印刷株式会社

■刊行図書リストを無料進呈いたします。
■落丁・乱丁の際はお取り換えいたします。

本書を無断で複写・転訳載することは、法律で認められている場合を除き、著作権及び出版社の権利の侵害になりますので、その場合にはあらかじめ小社宛に許諾を求めてください。

ISBN978-4-7726-1215-9　NDC 333　210 × 148
© 全国カジノ賭博場設置反対連絡協議会、2014